Denken und Rechnen 4

Rheinland-Pfalz

Herausgegeben von:
Prof. Dr. Roland Schmidt, Gießen

Bearbeiter:
Detlef Melchior, Kroppach
Roland Schmidt, Gießen

westermann

Rechen-Plättchen und Zehnerstreifen (**REMA;** Best.-Nr. **11 1484**) sowie Merkmal-Plättchen (**MEMA;** Best.-Nr. **11 1485**) können jeweils aus Vollplastik in einem Kasten sortiert erworben werden.

Steckwürfel sind in einem Plastikbeutel zu 50 blauen und 50 roten Würfeln zu beziehen (Best.-Nr. **11 1481**).

✿ Aufgaben zur zusätzlichen Übung
♣ Aufgaben zur Differenzierung
✿ Aufgaben zur Wiederholung

Dieses Werk entstand auf der Grundlage von „Denken und Rechnen, Ausgabe N".
Herausgeber: Prof. Dr. Roland Schmidt
Mitarbeiter: Hermann Rieger, Wolfgang Schmittdiel, Gisela Tietze, Antje Vespermann

1. Auflage Druck   5   4   3   2   1
Herstellungsjahr   1991   1990   1989
Alle Drucke dieser Auflage können im
Unterricht parallel verwendet werden.

© Westermann Schulbuchverlag GmbH, Braunschweig 1988
Verlagslektorat: Norbert Coldewey, Susanne Heinrich
Layout, Herstellung und Einbandgestaltung: Dirk von Lüderitz
Satz: SatzPartner Lichtsatz GmbH, Augsburg
Reproduktion: Claus Scantechnik, Burgwedel
Gesamtherstellung: westermann druck, Braunschweig

ISBN 3-14-**11 1334**-3

1. Erzähle – frage – rechne – antworte.

2. In den Sommerferien machten Frank, Erika und Sabine mit ihren Eltern eine Seerundfahrt.
   Wieviel mußte die Familie dafür bezahlen?

3. Frank, Erika und Sabine durften in den Ferien zweimal eine Stunde mit dem
   kleinen Ruderboot und einmal mit dem Tretboot fahren.
   Wieviel haben die Eltern für das Bootfahren ausgegeben?

4. Mirka und Akan fuhren eine Stunde mit dem Elektroboot. Jeder bezahlte die Hälfte.

5. Familie Ebert begann die Seerundfahrt um 9.20 Uhr. Die Rundfahrt dauerte eine
   Dreiviertelstunde. Um 10.15 Uhr wollten sie sich mit Frau Kuntze am Eingang des
   Wildparks treffen. Für die Fahrt von der Bootsanlegestelle zum Wildpark rechnet Frau
   Ebert 25 Minuten.
   Mußte Frau Kuntze warten?

6. Sonja und Stefan verbrachten die Ferien mit ihren Eltern auf einem Bauernhof in der Rhön.
   Dort gab es 4 Pferde und halb so viele Schweine wie Kühe. Insgesamt waren es 58 Tiere.

7. Bauer Hofmann lieferte am Tag 65 l Milch.
   Wieviel Liter waren das in zwei Wochen?

8. In einer Koppel zählte Elke 10 Tiere.
   Frank zählte 36 Beine.

9. Peter sagt: „Ich habe ein schwarz-weißes Tier gesehen. Es hat zwei Vorderbeine, zwei
   Hinterbeine, zwei linke und zwei rechte Beine."

Addieren und Subtrahieren

Fahrpreis 270 DM

Übernachtung 260 DM

Verpflegung 440 DM

1. Julia war mit ihrer Oma in Bayern. Wieviel mußten sie bezahlen?
Rechne geschickt.

2.
a) 853 + 36 =
   353 + 36 =
   241 + 57 =
   241 + 46 =
b) 924 + 40 =
   828 + 65 =
   628 + 65 =
   777 + 17 =
c) 385 − 40 =
   679 − 26 =
   888 − 55 =
   690 − 67 =
d) 855 − 36 =
   343 − 28 =
   887 − 69 =
   980 − 53 =

Kontrolle: 287, 298, 315, 345, 389, 623, 653, 693, 794, 818, 819, 833, 875, 889, 893, 927, 964

3. Ergänze zu 1000.
a) 349, 460, 370, 400, 910, 820, 230
b) 475, 904, 409, 875, 333, 444, 507
c) 802, 777, 634, 111, 583, 362, 809
d) 129, 825, 375, 222, 808, 606, 791

Beispiel:
a) 349 + 651 = 1000

4. Rechne geschickt.
a) 764 + 8 + 2 =
   364 + 8 + 2 =
   228 + 12 + 4 =
b) 162 + 17 + 3 =
   346 + 24 + 8 =
   265 + 26 + 5 =
c) 423 + 124 + 37 =
   62 + 418 + 209 =
   118 + 660 + 42 =

Kontrolle: 182, 244, 296, 374, 378, 584, 664, 689, 774, 820

5. Zeichne ab und fülle aus.

a)
+	7	9	40	90
293				
587				
699				

b)
−	8	9	60	80
600				
508				
909				

c)
−	6	70	90	48
700				
928				
606				

6.
a) 384 + 61 =
   478 + 79 =
   567 + 84 =
   848 + 75 =
b) 436 + 74 =
   675 + 85 =
   589 + 76 =
   777 + 77 =
c) 827 − 67 =
   991 − 68 =
   941 − 87 =
   531 − 86 =
d) 607 − 97 =
   752 − 87 =
   734 − 83 =
   623 − 66 =

Kontrolle: 445, 510, 557, 651, 665, 760, 854, 923. Jedes Ergebnis kommt zweimal vor.

7. a) 840 780 600 930 ⊖ 350 190 580
Kontrolle: 20, 200, 250, 260, 350, 360, 410, 430, 490, 580, 590, 650, 740

b) 490 700 510 660 ⊖ 70 270 140
Kontrolle: 220, 240, 350, 370, 390, 420, 430, 440, 520, 530, 560, 590, 630

8. a) Frank sagt: „Wenn ich von meiner Zahl 3 · 5 subtrahiere, erhalte ich 692."
b) Akmene sagt: „Wenn ich von meiner Zahl 7 · 4 subtrahiere, erhalte ich 587."
c) Bettina sagt: „Wenn ich zu meiner Zahl 8 · 8 addiere, erhalte ich 800."

Bäume, Klammern – vorteilhaftes Rechnen

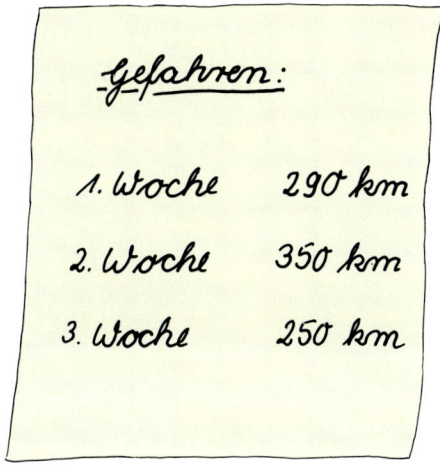

gefahren:

1. Woche   290 km
2. Woche   350 km
3. Woche   250 km

1. Wieviel Kilometer ist die Gruppe in den drei Wochen insgesamt gefahren?

Julia rechnet:

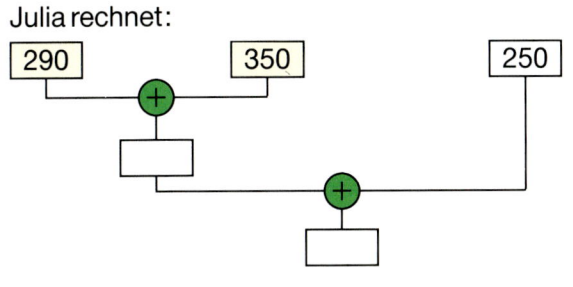

Uwe rechnet:

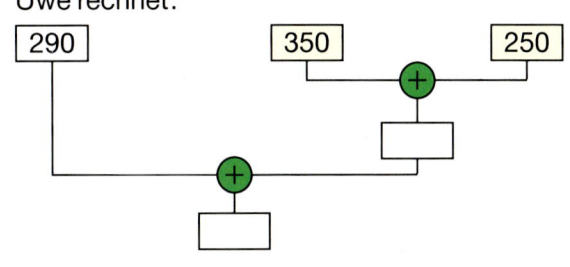

(290 + 350) + 250 =   + 250 =

290 + (350 + 250) = 290 +   =

Vergleiche die Ergebnisse. Welcher Lösungsweg ist geschickter?

> Die **Klammern** geben an, was zuerst gerechnet werden soll.

2. Addiere zuerst, was in Klammern steht.
- a) (84 + 16) + 7 =
  92 + (9 + 31) =
  47 + (75 + 5) =
- b) 137 + (17 + 13) =
  (242 + 28) + 29 =
  308 + (26 + 14) =
- c) 245 + (316 + 84) + 13 =
  (563 + 37) + 350 + 22 =
  750 + 60 + (119 + 31) =

107, 127, 130, 132, 167, 299, 348, 658, 960, 972

3. Addiere geschickt. Setze Klammern.
- a) 162 + 17 + 13 =
  340 + 26 + 14 =
  218 + 32 + 19 =
- b) 423 + 117 + 47 =
  315 + 25 + 128 =
  209 + 154 + 36 =
- c) 508 + 49 + 121 + 12 =
  127 + 325 + 35 + 20 =
  422 + 118 + 37 + 13 =

192, 269, 380, 399, 468, 507, 587, 590, 690, 860

4. Subtrahiere zuerst, was in Klammern steht. Was fällt dir auf?
- a) (750 − 230) − 120 =   750 − (230 − 120) =
  520   − 120 =   750 −   =
- b) (580 − 350) − 230 =   580 − (350 − 230) =
    − 230 =   580 −   =

> Beim Subtrahieren ändert sich das Ergebnis, wenn die Zahlen anders zusammengefaßt werden.

5.
- a) (860 − 120) − 30 =
  (780 − 80) − 120 =
  (610 − 210) − 90 =
- b) 860 − (120 − 30) =
  780 − (880 − 120) =
  610 − (210 − 90) =
- c) 560 − (250 − 30) =
  620 − (740 − 350) =
  430 − (160 − 40) =
- d) (560 − 250) − 30 =
  (620 − 40) − 350 =
  (430 − 160) − 40 =

5

Schriftliches Addieren und Subtrahieren

1. Wieviel Geld muß jeder Kunde bezahlen?
   a) Herr Lutz kauft den Fotoapparat Knips, den Projektor Alpenblick und den Koffer zu 39 DM.
   b) Frau Elser kauft den Fotoapparat Lux, den Projektor Meerblick und den Koffer zu 68 DM.
   c) Frau Sautter kauft den Fotoapparat Contur, die Projektionswand und einen Film zu 13 DM.

2. a) 249 + 437   b) 208 + 598   c) 556 + 279   d) 639 + 167   e) 419 + 267   f) 448 + 387

   Kontrolle: Je zwei Aufgaben haben dasselbe Ergebnis.

3. Schreibe untereinander und addiere.
   a) 223 + 53 + 156 =
      493 + 142 + 265 =
      350 + 87 + 169 =
   b) 185 + 178 + 236 =
      266 + 185 + 477 =
      139 + 367 + 359 =
   c) 283 + 158 + 67 =
      165 + 376 + 84 =
      486 + 154 + 178 =

   Kontrolle: 432, 508, 599, 606, 625, 818, 865, 900, 928, 972

4. Wieviel gibt Herr Müller für einen Projektor weniger aus, wenn er den billigeren Projektor kauft?

5. a) 622 − 344   b) 815 − 468   c) 746 − 208   d) 705 − 427   e) 814 − 467   f) 875 − 337

   Kontrolle: Je zwei Aufgaben haben dasselbe Ergebnis.

6. a) 458 − 178   b) 872 − 276   c) 763 − 457   d) 954 − 358   e) 727 − 447   f) 800 − 494

   Kontrolle: Je zwei Aufgaben haben dasselbe Ergebnis.

7. Wie heißt die Zahl?
   a) Zu 569 wird eine Zahl addiert. Das Ergebnis ist 912.
   b) Zu 387 wird eine Zahl addiert. Das Ergebnis ist 744.
   c) Von 631 wird eine Zahl subtrahiert. Das Ergebnis ist 196.

8. Addiere die nebeneinanderstehenden Zahlen.

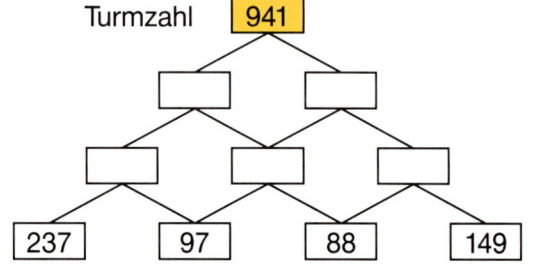

9. Subtrahiere die nebeneinanderstehenden Zahlen.

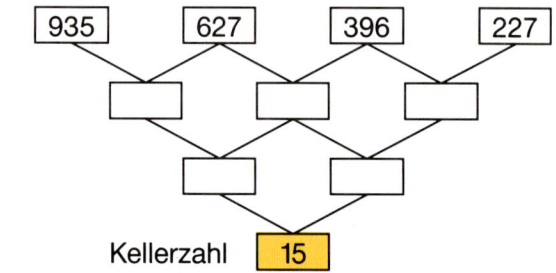

Schriftliches Addieren und Subtrahieren

| 29,35 DM | 4,65 DM | 12,95 DM | 28,75 DM | 43,85 DM |

1. a) Frau Sander kauft einen Campingstuhl und eine Luftmatratze.
   b) Herr Müller kauft eine Badmütze, Sportschuhe und eine Sporthose.
   c) Frau Ebert kauft eine Luftmatratze, eine Sporthose und eine Badmütze.

2. Im Sommerschlußverkauf werden bei Sport-Heinze die Preise herabgesetzt.
   a) Frau Kuntze bezahlt für die Sporthose noch 9,50 DM.
   b) Frau Kramer bezahlt für den Campingstuhl noch 19,85 DM.

3. a) Herr Wagner bezahlt für die Sporthose noch 19,50 DM und für die Badmütze noch 3,85 DM.
   b) Herr Otto bezahlt für die Luftmatratze noch 29,75 DM und für die Sporthose noch 9,50 DM.
   c) Frau Ebner bezahlt für den Campingstuhl noch 19,85 DM und für die Luftmatratze noch 29,75 DM.

4. a)   6,28 DM   b)   4,86 DM   c)   63,07 DM   d)   88,57 DM   e)   49,92 DM   f)   58,48 DM
         − 2,61 DM   − 0,93 DM   − 15,16 DM   − 23,45 DM   − 17,13 DM   − 21,09 DM
   Kontrolle: 3,67 DM; 3,93 DM; 32,79 DM; 37,39 DM; 47,91 DM; 57,42 DM; 65,12 DM

5. a) 43,86 DM + 8,22 DM + 4,99 DM =   DM   b) 18,07 DM + 9,83 DM + 26,48 DM =   DM
        5,35 DM + 18,75 DM + 0,48 DM =   DM   12,36 DM + 8,15 DM + 5,36 DM =   DM
       37,08 DM + 0,96 DM + 12,88 DM =   DM   40,82 DM + 39,95 DM + 0,75 DM =   DM
   Kontrolle: 24,58 DM; 25,87 DM; 50,92 DM; 54,38 DM; 57,07 DM; 71,62 DM; 81,52 DM

6. Kinder sind auf einem Ausflug. Wieviel Geld behält jedes Kind übrig?
   a) Heinz hat 8 DM. Er gibt aus: 2,60 DM; 1,80 DM; 0,90 DM; 1,10 DM; 0,60 DM
   b) Sabine hat 10 DM. Sie gibt aus: 3,50 DM; 1,80 DM; 0,90 DM; 2,75 DM; 0,50 DM
   c) Günter hat 12 DM. Er gibt aus: 4,25 DM; 1,80 DM; 0,90 DM; 3,20 DM; 1,20 DM

   Kontrolle: 0,55 DM; 0,65 DM; 1,00 DM; 1,05 DM

7. Wie schwer ist die Verpackung?

a) 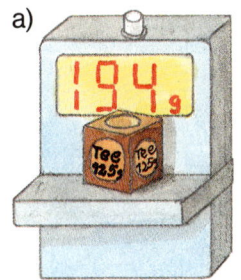   b) 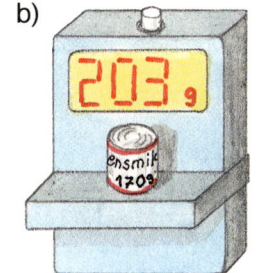   c) 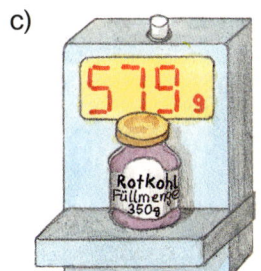   d)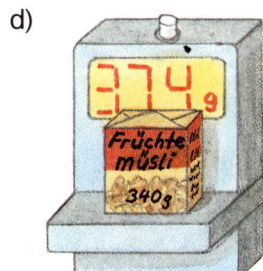

8.

Gesamtgewicht	863 g	927 g	471 g	658 g	743 g	936 g	654 g
Verpackung	238 g	177 g	96 g	98 g	168 g	186 g	279 g
Inhalt	625 g						

Multiplizieren und Dividieren – Wiederholung

1. Erzähle – frage – rechne – antworte.

2. Wie viele Fenster müssen geputzt werden?
   a) Ein Haus mit 4 Stockwerken hat in jedem Stockwerk 20 Fenster.
   b) Eine sechsstöckige Fabrik hat in jedem Stockwerk 40 Fenster.

3. a) 2 · 30 =   b) 6 · 80 =   c) 7 · 60 =   d) 3 · 80 =   e) 9 · 90 =
       3 · 40 =   5 · 30 =   9 · 40 =   8 · 60 =   8 · 70 =
       6 · 20 =   6 · 60 =   4 · 90 =   7 · 70 =   4 · 80 =

4. a) ☐ · 40 = 280   b) ☐ · 60 = 300   c) ☐ · 90 = 360   d) ☐ · 40 = 160   e) ☐ · 90 = 720
       ☐ · 70 = 210   ☐ · 50 = 450   ☐ · 30 = 270   ☐ · 70 = 630   ☐ · 50 = 200
       ☐ · 20 = 160   ☐ · 80 = 640   ☐ · 10 = 100   ☐ · 60 = 540   ☐ · 80 = 400

5. Zerlege die Zahlen.
   a) 720   c) 360   e) 240   g) 480   i) 560
   b) 600   d) 540   f) 630   h) 180   j) 420

   Beispiel: a) 720 = 8 · 90
             720 = 9 · 80

6. a) Die Fensterreinigung Klingelhöfer hat am Montag am Versicherungshaus Atlas 420 Fenster zu reinigen. In jedem Stockwerk sind 60 Fenster.
   b) Am Dienstag muß die Firma Klingelhöfer am Bürohochhaus in der Liststraße 360 Fenster reinigen. In jedem Stockwerk sind 40 Fenster.

7. a) 240 : 80 =   b) 420 : 70 =   c) 480 : 80 =   d) 450 : 90 =   e) 720 : 80 =
       270 : 30 =   540 : 60 =   810 : 90 =   240 : 60 =   630 : 70 =

8. a) 200 : 30 =   b) 300 : 40 =   c) 410 : 50 =   d) 350 : 40 =   Beispiel:
       200 : 60 =   250 : 80 =   320 : 70 =   510 : 90 =   a) 200 : 30 = 6 Rest 20

9. Jede Aufgabe beginnt mit dem Ergebnis der vorhergehenden. Wie heißt das Lösungswort?

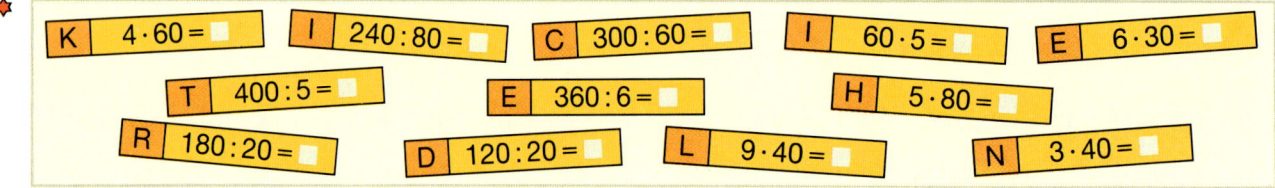

Halbschriftliches Multiplizieren und Dividieren

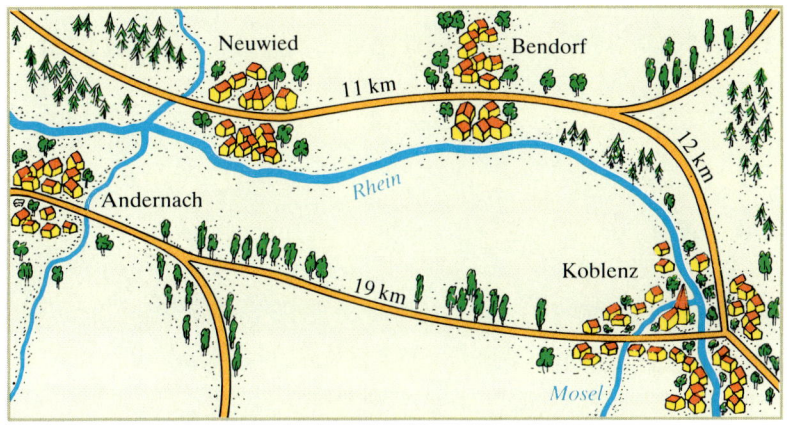

Sebastians Vater fährt fünfmal in der Woche von Andernach zur Arbeit nach Koblenz.

5 · 38 =
5 · 30 = 150
5 · 8 = 40
5 · 38 = 190

Sebastians Vater fährt in der Woche 190 km.

1. a) Frau Eder fährt viermal in der Woche von Bendorf nach Koblenz.
b) Frau Adler fährt achtmal im Monat von Koblenz nach Neuwied.

2. a) 5 · 42 = b) 7 · 48 = c) 4 · 35 = d) 3 · 71 = e) 4 · 87 =
6 · 13 = 8 · 57 = 9 · 56 = 7 · 24 = 8 · 69 =
3 · 19 = 5 · 63 = 8 · 43 = 6 · 76 = 9 · 78 =
37, 57, 78, 140, 168, 210, 213, 315, 336, 344, 348, 456, 456, 504, 552, 702

3. Beim Multiplizieren kannst du die Zahlen vertauschen.
a) 42 · 9 = b) 48 · 7 = c) 35 · 6 = d) 90 · 3 = e) 74 · 4 =
12 · 6 = 57 · 8 = 56 · 9 = 24 · 2 = 66 · 6 =
19 · 8 = 65 · 6 = 43 · 8 = 82 · 6 = 34 · 4 =
48, 72, 136, 152, 210, 270, 296, 336, 344, 378, 390, 396, 409, 456, 492, 504

4. a) Christians Mutter fährt fünfmal in der Woche ins Büro.
Sie legt dabei insgesamt 85 km zurück.
b) Herr Binder fährt sechsmal in der Woche ins Geschäft.
Er legt dabei insgesamt 156 km zurück.
c) Frau Ebert fährt fünfmal in der Woche zur Arbeit.
Sie legt dabei insgesamt 105 km zurück.

a) 85 : 5 =	
50 : 5 = 10	Christians Mutter
35 : 5 = 7	fährt an einem
85 : 5 = 17	Tag 17 km.

5. a) 204 : 4 = b) 105 : 5 = c) 96 : 8 = d) 351 : 9 = e) 324 : 9 =
96 : 4 = 126 : 3 = 108 : 3 = 378 : 6 = 588 : 7 =
132 : 4 = 108 : 6 = 168 : 7 = 465 : 5 = 384 : 8 =
Alle Ergebnisse sind Vielfache von 3.

6. Dividieren mit Rest und ohne Rest
a) 237 : 5 = b) 632 : 8 = c) 410 : 9 = d) 228 : 4 = e) 595 : 7 =
275 : 6 = 594 : 6 = 294 : 6 = 190 : 9 = 376 : 8 =
144 : 3 = 673 : 7 = 434 : 5 = 378 : 7 = 837 : 9 =
Bei 6 Aufgaben ergibt sich ein Rest.

7. In einem **Kreuzzahlrätsel** kontrollieren sich die Aufgaben gegenseitig. Prüfe nach und rechne weiter.

a)
a2	4	b8
		5
	c	6

a 4 · 62 | b 900 − 44
c 22 + 34   ↓

b)
a	b		
c			d
		e	
		f	

a 9 · 33 | a 3 · 70
c 300 : 30 | b 180 : 2
e 6 · 14 | d 6 · 90
f 8 · 25   ↓   e 240 : 3

Stelle selbst Kreuzzahlrätsel für deine Klasse her.

Sachaufgaben

1. Wieviel Geld muß jeder Kunde bezahlen?
  a) Frau Krauß kauft 3 Kiwi und 2 Gurken.
  b) Frau Mayer kauft 4 Rettiche und 3 Pampelmusen.
  c) Herr Schenk kauft 5 Kiwi und 4 Pampelmusen.
  d) Herr Bauer kauft 3 Gurken und 6 Rettiche.
  e) Frau Bartel kauft 8 Kiwi und 5 Rettiche.
  f) Herr Mohr kauft 1 Gurke und 3 Rettiche.

Beispiel:
a) 3 Kiwi   3,60 DM
   2 Gurken   3,20 DM
   zusammen   6,80 DM
Frau Krauß muß 6,80 DM bezahlen.

2.

Einzelpreis	3,60 DM	3,60 DM	2,40 DM	1,80 DM	4,50 DM	1,90 DM	8,30 DM
Stückzahl	2	6	7	8	5	9	4
Gesamtpreis	7,20 DM						

3. Wieviel Stück verkauft Gärtner Früh von jeder Sorte?
  a) 8 Kisten Salat mit je 28 Stück.
  b) 7 Kisten Pampelmusen mit je 18 Stück.
  c) 5 Kisten Äpfel mit je 26 Stück.
  d) 6 Kisten Pfirsiche mit je 36 Stück.
  e) 4 Kisten Birnen mit je 24 Stück.
  f) 9 Kisten Tomaten mit je 32 Stück.

4. Wieviel kostet ein Gegenstand?
  a) Frau König kauft 3 Liegen für 207 DM.
  b) Frau Maurer kauft 4 Luftmatratzen für 156 DM.
  c) Herr Becker kauft 2 Campinghocker für 54 DM.
  d) Frau Schulz kauft 6 Campingstühle für 222 DM.
  e) Herr Bartel kauft 3 Luftmatratzen für 138 DM.

Beispiel:
a) 3 Liegen kosten 207 DM.
   207 : 3 = 69
   1 Liege kostet 69 DM.

5.

Gesamtpreis	78 DM	144 DM	231 DM	288 DM	567 DM	295 DM	468 DM
Stückzahl	3	4	7	8	9	5	6
Einzelpreis	26 DM						

6. Christa möchte sich Rollschuhe für 51 DM kaufen. Sie hat schon 30 DM. Den Rest möchte sie in 6 Wochen sparen. Wieviel muß sie wöchentlich zurücklegen?

7. Peter hat die Hälfte seines Geldes ausgegeben. Er hat noch 1,75 DM.

8. Bernd sagt: „Wenn ich 5 mal so viel Geld hätte und noch 10 DM dazu, dann könnte ich mir einen Fotoapparat für 100 DM kaufen."

Bündeln – große Zahlen

1. Wie viele Eier legen die Frösche? Erkundige dich oder lies in einem Sachbuch nach.

2. Wo gibt es noch große Anzahlen? Schreibe Beispiele auf.

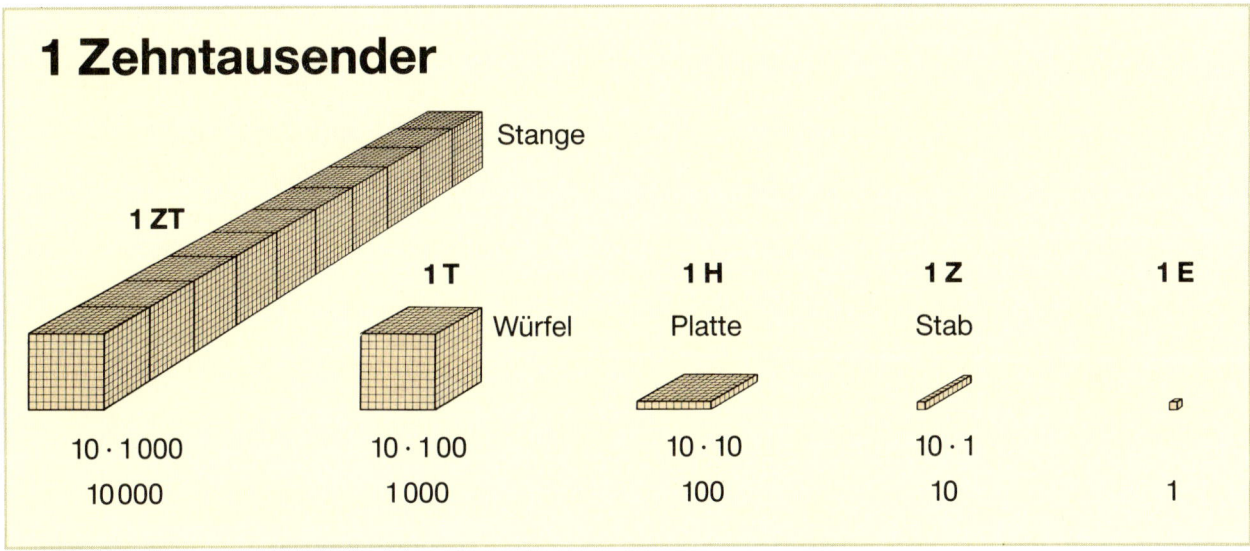

3. Trage die T, H, Z und E in eine Stellentafel ein.

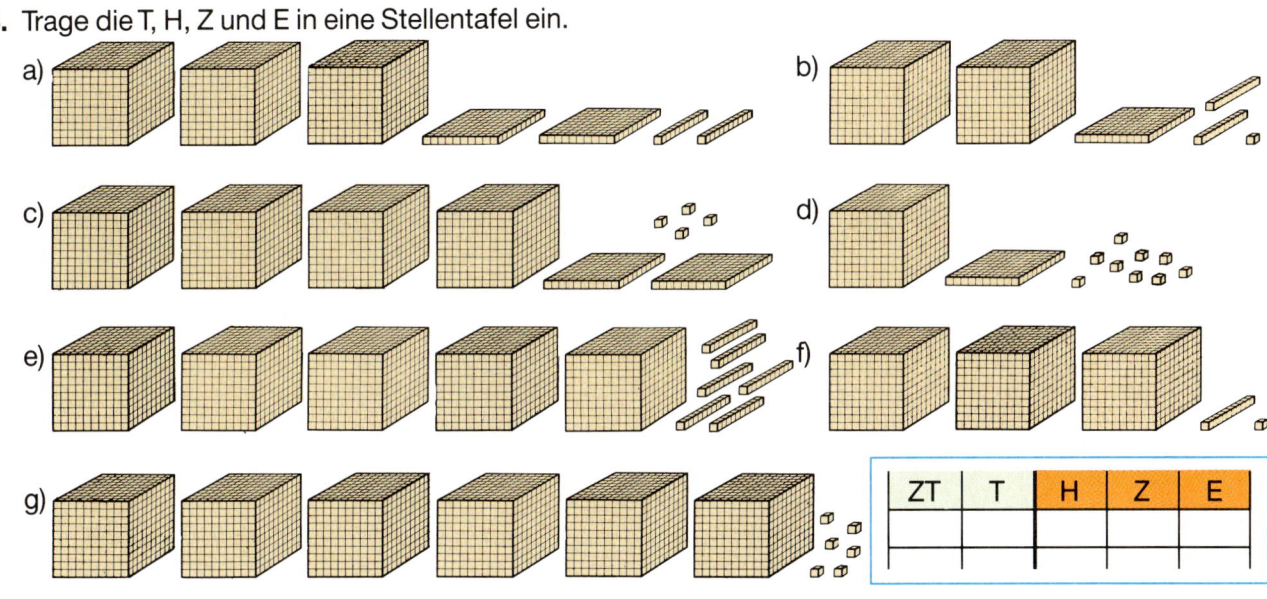

Zahlen bis 10 000

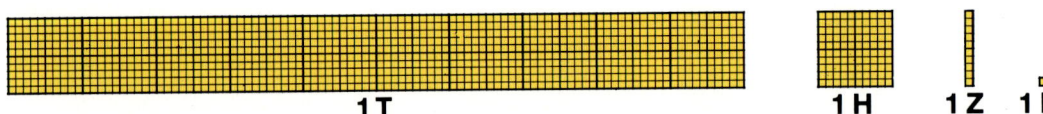

1. Wie viele Tausender, Hunderter, Zehner und Einer sind es?

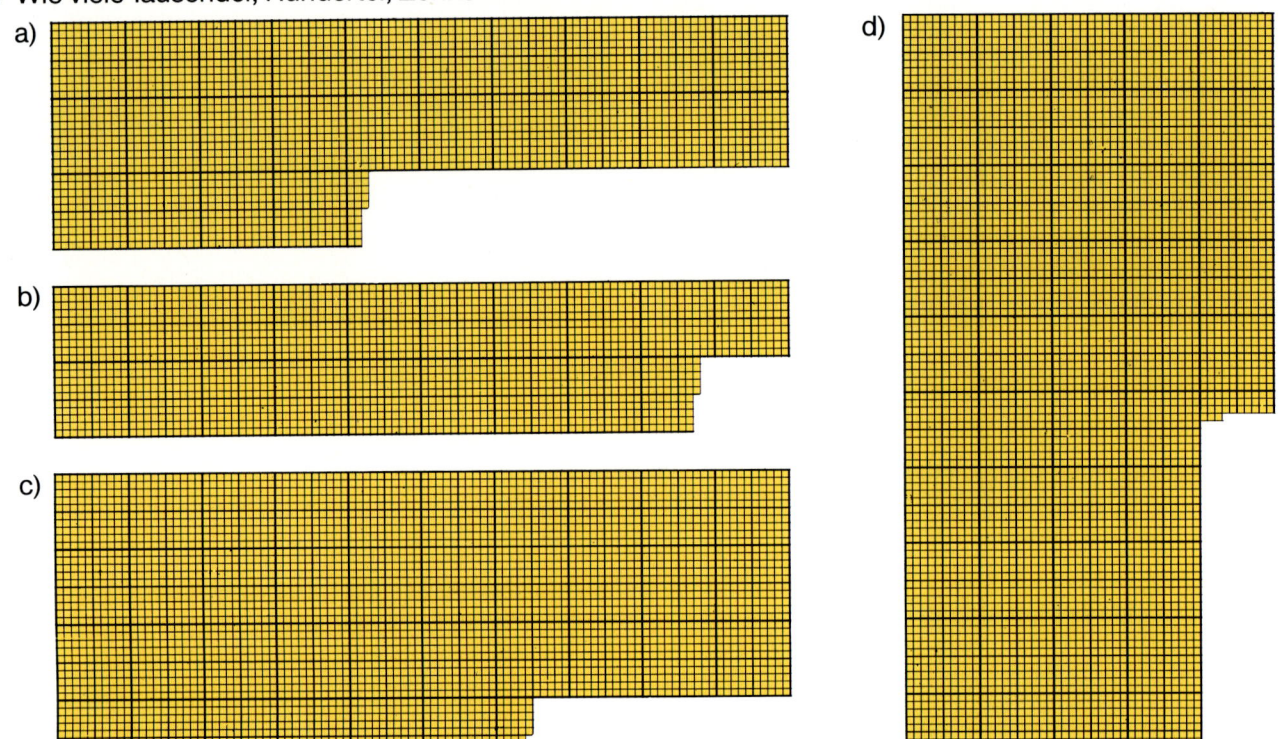

2. Umrande auf Millimeterpapier und schneide aus.
- a) 3 T 5 H
- b) 7 T 7 H
- c) 8 T 4 H 7 Z 5 E
- d) 6 T 8 H 4 Z
- e) 9 T 9 H 9 Z
- f) 4 T 6 Z
- g) 2 T 8 H 9 E
- h) 1 ZT

3. Trage in eine Stellentafel ein. Schreibe die Zahlen.
- a) 3 T 4 H 2 E
- b) 5 T 3 H 2 Z
- c) 9 T 9 H 9 Z 9 E
- d) 8 T 3 Z
- e) 2 T 7 H 6 Z
- f) 1 ZT

	ZT	T	H	Z	E	Zahl
a)		3	4	0	2	3402

4. Wie heißen die Zahlen?

a)
T	H	Z	E
4	2	1	6
3	4	0	8
2	1	6	0

b)
T	H	Z	E
5	6	8	4
9	3	7	2
6	5	0	5

c)
T	H	Z	E
	7	8	9
2	6	0	5
3	0	9	0

d)
T	H	Z	E
1	2	8	2
7	5	6	0
4	4	4	4

e)
T	H	Z	E
5	0	2	3
6	7	0	1
8	0	0	6

5. Wie heißen die Zahlen?
- a) 4 T 1 Z 9 E
  5 T 6 H 6 Z 7 E
- b) 6 T 3 H 5 Z 1 E
  9 T 6 H 7 Z
- c) 7 T 4 Z 5 E
  2 T 3 H 5 Z

a) 4019

6. Trage die Zahlen in eine Stellentafel ein. Lies die Zahlen.
- a) 6780, 6870, 8760, 8670, 5357, 6380, 9090
- b) 3550, 9999, 1530, 4009, 8030, 7003, 8008
- c) 2902, 4091, 3624, 9208, 5731, 7063, 1991
- d) 7070, 9876, 5005, 6600, 2222, 8359, 7997

Zahlen bis 10 000

Zehntausend Streichhölzer

1. Wie viele Streichholzschachteln sind für das Foto geleert worden?
   Schätze. Kannst du es auch ungefähr ausrechnen?

2. Stelle Zahlenkarten her. Baue damit Zahlen auf.

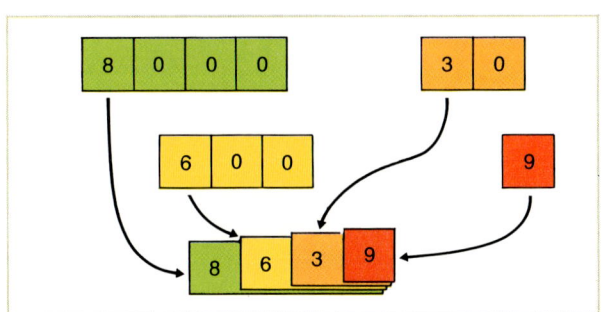 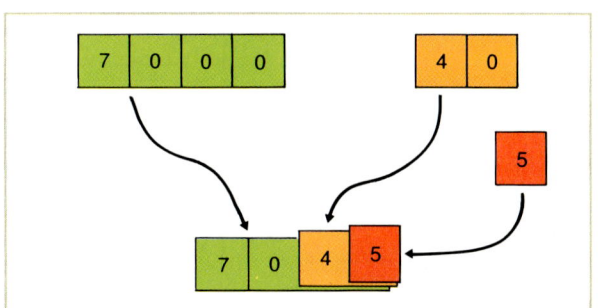

3. Baue die Zahlen mit Zahlenkarten auf. Schreibe Plus-Aufgaben.

a) 8 739	b) 7 350	c) 2 050	d) 4 060	e) 6 660
6 365	9 909	7 453	3 700	6 066
5 087	8 800	1 009	9 693	7 077
7 006	3 520	3 253	6 999	8 808

   a) $8000 + 700 + 30 + 9 = 8739$

4. Wie heißen die Zahlen? Lege dazu Zahlenkarten.

   a) $6000 + 200 + 30 + 4 =$
   $9000 + 400 + 60 + 9 =$
   $7000 + 500 + 50 + 5 =$
   $5000 + 100 + 20 + 2 =$

   b) $3000 + 60 + 8 =$
   $1000 + 400 + 30 =$
   $4000 + 10 + 5 =$
   $9000 + 900 + 6 =$

   c) $500 + 4000 + 40 + 6 =$
   $90 + 700 + 8000 + 4 =$
   $20 + 2000 + 500 + 1 =$
   $8000 + 60 + 100 + 5 =$

5. **Wer erreicht die höhere Hausnummer?**
   Würfelspiel für 2 bis 4 Spieler
   Jeder Spieler darf viermal würfeln.
   Nach jedem Wurf trägt er ein.

T	H	Z	E
	4		

Zahlen bis 10000 – Nachbarzahlen

1.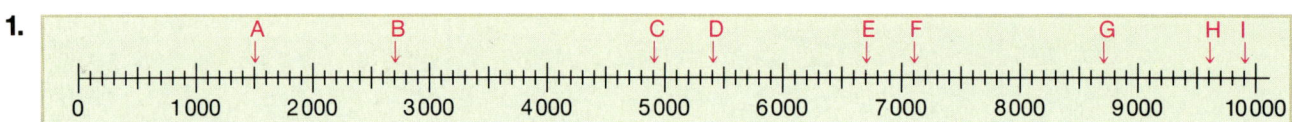

Für welche Zahlen stehen die Buchstaben?

2. Lies die Zahlen und zeige sie am Zahlenstrahl. Dein Nachbar kontrolliert.
  a) 6300, 8900, 5600, 9300, 1900, 3500
  b) 3800, 4900, 2100, 8000, 7400, 1900

3.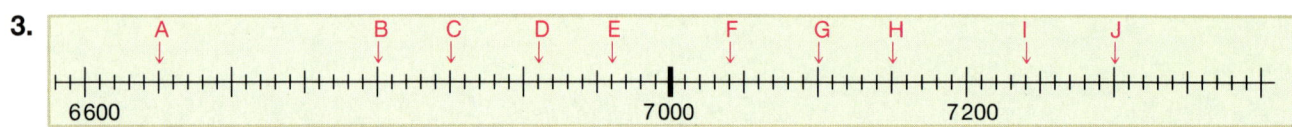

a) Vergleiche diesen Zahlenstrahl mit dem oberen Zahlenstrahl.
b) Für welche Zahlen stehen hier die Buchstaben?

4.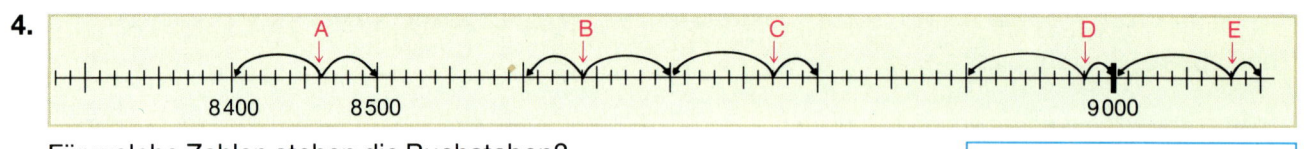

Für welche Zahlen stehen die Buchstaben?
Schreibe zu diesen Zahlen die Nachbarhunderter.

5. Schreibe zu jeder Zahl die Nachbarhunderter.

a) 6720 7060 7190 7310   c) 9110 2080 5550 1990
b) 8420 8760 8890 8560   d) 6480 4990 3910 1010

6.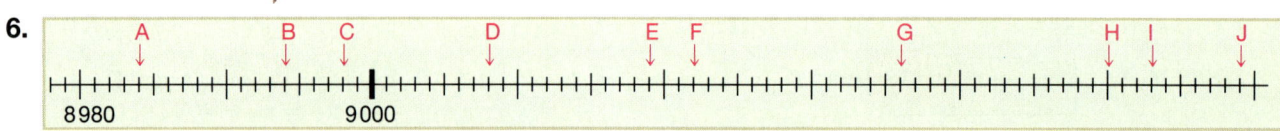

Für welche Zahlen stehen die Buchstaben?
Schreibe zu diesen Zahlen den Vorgänger und den Nachfolger.

A 8983 8984 8985

7. Schreibe zu jeder Zahl den Vorgänger und den Nachfolger.

a) 8993 8985 9010 9024   c) 1000 9999 8000 8800
b) 8950 9000 9001 9030   d) 5999 6000 9090 7900

8. < oder >

a) 3470 2470   b) 7086 7806   c) 2422 998   d) 9893 10000
   6902 5902   3720 3207   1795 2001   6005 5978
   1800 8800   8195 8519   10000 1111   497   1037

9. Ordne die Zahlen nach der Größe.

a) 2500, 89, 3978, 501, 3798
b) 7604, 6870, 7640, 6780, 7087
c) 8909, 9001, 8900, 8999, 8090

Zahlen bis 10 000 – Addieren und Subtrahieren

1.
a) 3000 + 2000 =
8000 + 2000 =
4000 + 5000 =
6000 + 3000 =

b) 4000 + 700 =
7000 + 900 =
5000 + 500 =
8000 + 400 =

c) 6300 + 700 =
7600 + 400 =
8800 + 600 =
5700 + 500 =

d) 7200 + 1800 =
2900 + 1200 =
4800 + 2700 =
1700 + 4600 =

2.
a) 8000 – 2000 =
9000 – 3000 =
10000 – 6000 =
7000 – 5000 =

b) 9000 – 600 =
8000 – 300 =
7000 – 700 =
5000 – 800 =

c) 6600 – 600 =
5200 – 300 =
8400 – 700 =
4500 – 900 =

d) 7300 – 1300 =
6100 – 2200 =
9300 – 3600 =
8200 – 5700 =

3.

a) + 50

E	A
6700	
5200	
6800	
4700	
7800	

b) – 30

E	A
6000	
3500	
7400	
5700	
8200	

c) + 8

E	A
4000	
6200	
9800	
7950	
3490	

d) – 6

E	A
6000	
5700	
7800	
9040	
6920	

e) – 9

E	A
7200	
6999	
8909	
7005	
5998	

4. Zerlege die Zahlen.

a) 2000

1300	700
1500	
1200	
1800	
1100	

b) 4000

2000	
2400	
3600	
1500	
3800	

c) 6000

4300	
3200	
1900	
2500	
5800	

d) 7000

4370	
6780	
1990	
6790	
3450	

e) 8000

5300	
3350	
6770	
3450	
4440	

5. Ergänze zu 10 000.

8560	2700	3400	5500	2100	3810	7770	6340	5690	8960	1110
1440										

6. Zauberquadrat

Beim Zauberquadrat ist die Summe der Zahlen in jeder Zeile, in jeder Spalte und jeweils von Ecke zu Ecke gleich groß.

a) Prüfe, ob alle Summen gleich sind.
b) Vergleiche die Summen mit der Zahl im mittleren Feld.

350	1150	900
1350	800	250
700	450	1250

350 + 1150 + 900 = 2400
350 + 1350 + 700 = 2400
350 + 800 + 1250 = 2400

7. Zeichne das Quadrat ab. Setze Zahlen so ein, daß ein Zauberquadrat entsteht. Die Summe muß immer das Dreifache der Zahl im mittleren Feld sein.

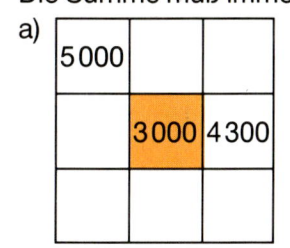

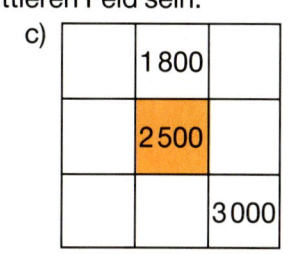

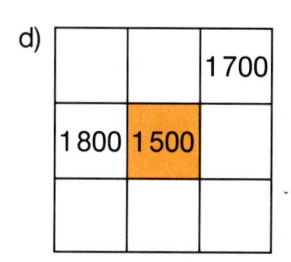

a)
5000		
	3000	4300

b)
1500		
	2000	
	2200	

c)
1800		
	2500	
		3000

d)
		1700
1800	1500	

Zahlen bis 100 000

1. Das Olympia-Stadion in Berlin faßt etwa 100 000 Zuschauer.
Erkundige dich nach Zuschauerzahlen von Fußballspielen.

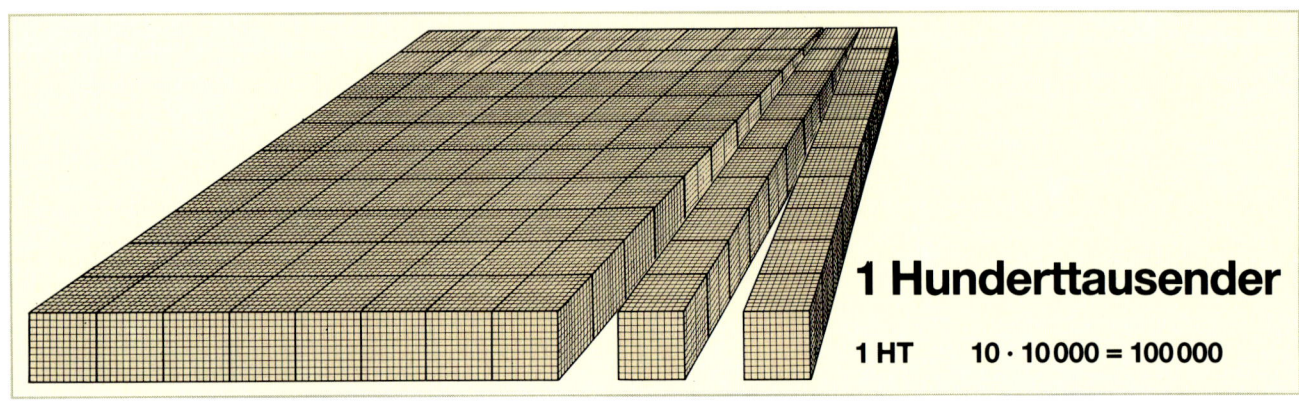

1 Hunderttausender

1 HT   10 · 10 000 = 100 000

2. Zeichne eine Stellentafel und trage die Zahlen ein.
a) 68 720 c) 88 888 e) 100 000 g) 97 900
b) 99 330 d) 75 340 f) 65 006   h) 85 550

	HT	ZT	T	H	Z	E
a)			6	8	7	2	0

3. Schreibe und lies die Zahlen.
a) 3 ZT 7 T 5 H 3 Z 9 E b) 5 ZT 2 T 6 Z 8 E   c) 3 ZT 8 H 7 E   d) 5 ZT 5 H
   4 ZT 2 T 3 H 1 Z 7 E   9 ZT 8 T 3 Z 5 E   6 ZT 5 T 6 E   8 ZT 6 Z
   6 ZT 3 T 1 H 5 Z 3 E   7 ZT 7 H 8 Z 2 E   7 ZT 7 H 2 Z   2 ZT 7 E

4. Baue mit Zahlenkarten die Zahlen auf.
a) 73 536 d) 90 095 g) 99 999 j) 87 654
b) 80 752 e) 70 006 h) 65 432 k) 87 054
c) 43 619 f) 23 070 i) 53 807 l) 80 038

a) 7 3 5 3 6

5. Zerlege die Zahlen.
a) 65 703 c) 90 099 e) 78 054 g) 99 606
b) 80 395 d) 37 777 f) 85 506 h) 89 999

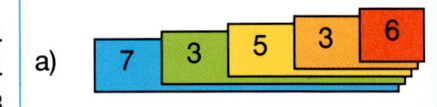
a) 65 703 = 60 000 + 5 000 + 700 + 3

Zahlen bis 100 000 – Nachbarzahlen

1.

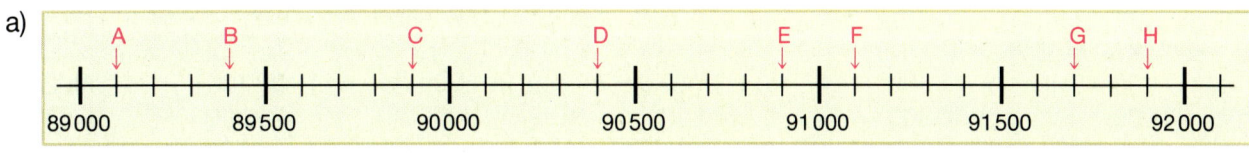

Wo liegen die Zahlen auf dem Zahlenstrahl?
Schreibe zu jeder Zahl die benachbarten Zehntausenderzahlen.

a) 29 000   76 000   35 000   91 000   79 000

b) 43 000   89 000   18 000   81 000   53 000

a) 20 000   29 000   30 000

2. Für welche Zahlen stehen die Buchstaben?

a)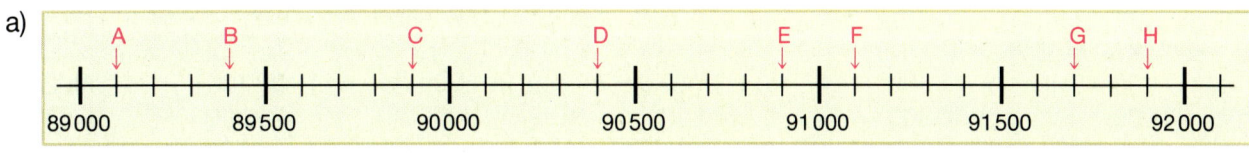

b)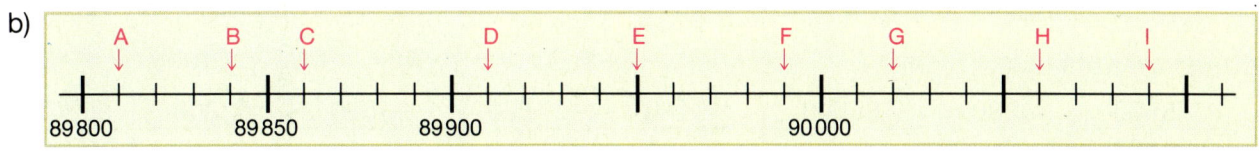

c)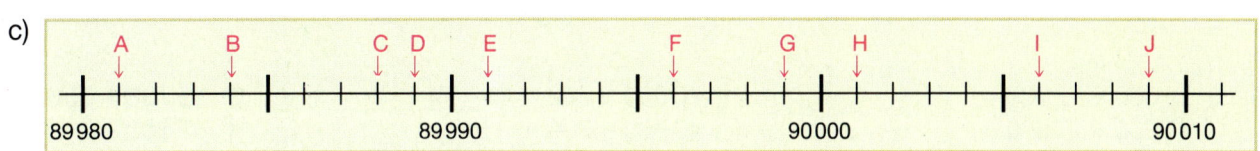

3. Schreibe zu jeder Zahl die Nachbarhunderter.

a) 89 850   89 890   90 120   90 010

b) 28 850   56 270   92 420   41 990

4. Zeichne die Zahlenstrahlen.

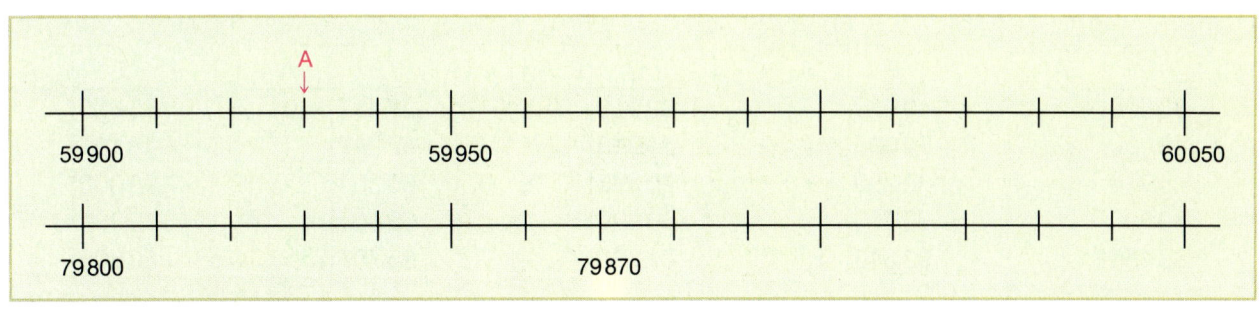

Trage die Buchstaben ein.

A = 59 930   C = 59 980   E = 60 000   G = 79 840   I = 79 920
B = 59 960   D = 59 990   F = 60 020   H = 79 900   J = 79 950

5. Schreibe zu jeder Zahl den Vorgänger und den Nachfolger.

a) 89 990   89 985   89 999   89 989   c) 46 700   72 001   60 000   99 999

b) 79 820   79 900   79 099   79 000   d) 53 624   27 006   34 200   66 109

6. Bilde vierstellige Zahlen. Jede Ziffer soll genau einmal vorkommen.

a) 2 4 5 1   b) 8 9 3 6   c) 7 1 3 2   Es gibt jeweils 24 Zahlen.

Addieren und Subtrahieren – Ergänzen

1. FC Kaiserslautern gegen *Bayern München*
Datum: *14. Mai*
Vorverkauf: *17 600 Karten*
Kasse 1 _____
Kasse 2 _____
Summe: _____

Beim Spiel 1. FC Kaiserslautern gegen Bayern München waren 30 000 Zuschauer. Wie viele Karten wurden an der Kasse verkauft?

17 600 +		= 30 000
17 600 +	400	= 18 000
18 000 +	2 000	= 20 000
20 000 +	10 000	= 30 000
17 600 +	12 400	= 30 000

Es wurden 12 400 Karten an der Kasse verkauft.

1. Ergänze zu 40 000.
a) 17 800 c) 12 600 e) 21 700 g) 29 500 i) 32 100 k) 24 300
b) 24 000 d) 18 300 f) 15 200 h) 14 900 j) 9 400 l) 15 700
7 900, 9 100, 10 500, 15 700, 16 000, 18 300, 21 700, 22 200, 24 300, 24 800, 25 100, 27 400, 30 600

2. Ergänze zu 100 000.

75 600	92 800	85 000	42 100	27 500	95 200	82 300	38 700
24 400							

3.
a) 25 000 + 12 000 =
46 000 + 17 000 =
67 000 + 25 000 =

b) 76 500 + 600 =
49 900 + 700 =
88 800 + 800 =

c) 85 700 + 1 500 =
57 600 + 2 600 =
34 400 + 4 700 =

4.
a) 84 000 – 24 000 =
67 000 – 19 000 =
92 000 – 36 000 =

b) 87 200 – 400 =
70 000 – 700 =
93 200 – 900 =

c) 64 100 – 2 400 =
91 500 – 3 600 =
82 400 – 5 800 =

5.

a) +60

E	A
30 690	
40 900	
45 970	
89 590	
63 450	

b) –80

E	A
40 920	
50 000	
60 200	
79 010	
92 640	

c) +7

E	A
89 910	
54 949	
70 095	
80 999	
21 396	

d) –6

E	A
24 417	
82 942	
60 304	
63 051	
86 705	

e) –9

E	A
35 600	
48 101	
90 000	
72 003	
50 800	

6. Zeichne ab. Setze Zahlen so ein, daß ein Zauberquadrat entsteht. Die Summe muß immer das Dreifache der Zahl im mittleren Feld sein.

a)
8 000		
	12 000	6 900

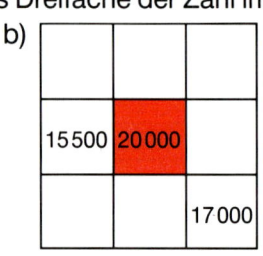

b)
15 500	20 000	
		17 000

c)
	25 400	
	30 000	
30 700		

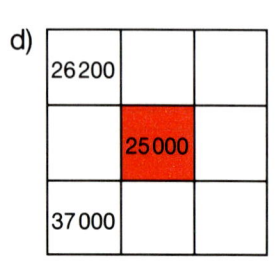

d)
26 200		
	25 000	
37 000		

7. Für die Außenanlage einer Schule sind 40 000 DM vorgesehen. Die Umzäunung kostet 16 500 DM, Rasen und Wege kosten 12 300 DM. Der Rest wird für Bepflanzung ausgegeben.

Zahlen bis zur Million

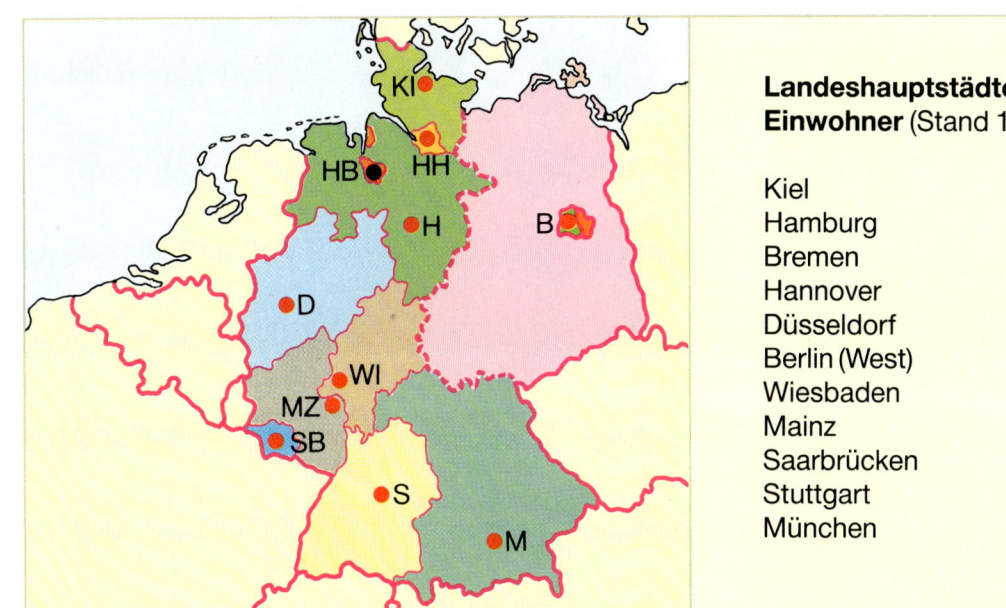

Landeshauptstädte Einwohner (Stand 1987)	
Kiel	243 600
Hamburg	1 571 300
Bremen	522 000
Hannover	505 700
Düsseldorf	560 600
Berlin (West)	1 879 200
Wiesbaden	266 500
Mainz	189 000
Saarbrücken	184 400
Stuttgart	565 500
München	1 274 700

Einwohnerzahl der Stadt Mainz

189 000   100 000 + 80 000 + 9 000

einhundertneunundachtzigtausend

10 Hunderttausender (HT) = 1 Million (M)

10 · 100 000 = 1 000 000

1 000 000 ←·10— 100 000 ←·10— 10 000 ←·10— 1 000 ←·10— 100 ←·10— 10 ←·10— 1

Million   hunderttausend   zehntausend   tausend   hundert   zehn   eins

1. a) Lies die Einwohnerzahlen der Landeshauptstädte.
   b) Zeichne eine Stellentafel und trage die Einwohnerzahlen der Größe nach ein.

b)
	M	HT	ZT	T	H	Z	E
Berlin	1	8	7	9	2	0	0

2. a) Welche Städte haben mehr als eine Million Einwohner?
   b) Welche Städte haben zwischen fünfhunderttausend und einer Million Einwohner?
   c) Welche Städte haben weniger als dreihunderttausend Einwohner?

3. Schreibe und lies die Zahlen.
   a) 3 HT 7 ZT 6 H 5 E
      7 HT 6 ZT 2 T 6 H 7 Z 5 E
      6 HT 9 ZT 5 T 7 Z 6 E
   b) 2 ZT 5 T 6 H 9 E
      9 HT 7 ZT 6 T 2 Z 3 E
      6 HT 6 H 6 Z 6 E
   c) 4 HT 7 T 6 E
      5 ZT 9 T 7 Z
      8 HT 9 H 4 E

   a) 370 605

4. Wie heißen die Zahlen?
   a) 800 000 + 60 000 + 5 000 + 300 + 60 + 4
      600 000 + 10 000 + 9 000 + 700 + 90 + 2
      400 000 + 40 000 + 7 000 + 900 + 80
      900 000 + 70 000 + 1 000 + 500 + 6
   b) 200 000 + 50 000 + 9 000 + 80 + 7
      500 000 + 60 000 +   200 + 60 + 2
      100 000 + 8 000 +   700 + 7
      700 000 + 70 000 + 3 000 + 10

5. Zerlege die Zahlen.
   a) 678 703   c) 234 567   e) 370 403
   b) 413 567   d) 910 123   f) 699 280

   a) 678 703 = 600 000 + 70 000 + 8 000 + 700 + 3

Zahlen bis zur Million – Nachbarzahlen

1. Für welche Zahlen stehen die Buchstaben?

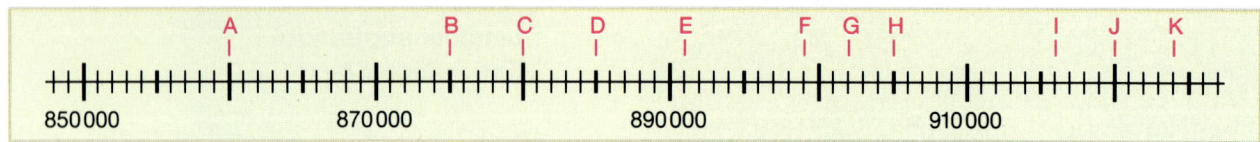

2. Für welche Zahlen stehen die Buchstaben?
   Gib zu jeder Zahl die benachbarten Tausenderzahlen an.

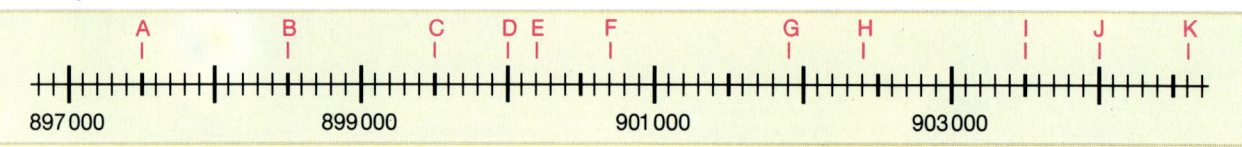

3. Schreibe zu jeder Zahl die benachbarten Tausenderzahlen.
   a) 897 200   899 990   901 500   b) 450 600   376 412   438 799

4. Für welche Zahlen stehen die Buchstaben?
   Gib zu jeder Zahl den Vorgänger und den Nachfolger an.

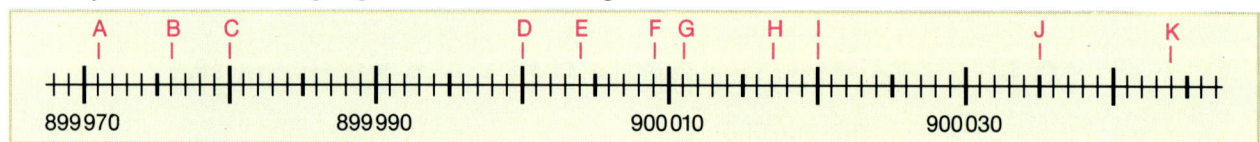

5. Schreibe zu jeder Zahl den Vorgänger und den Nachfolger auf.
   a) 900 040   899 984   900 018   b) 565 416   428 300   700 000

6. < oder >
   a) 876 308 ◯ 876 309   b) 375 744 ◯ 357 744   c) 211 300 ◯ 122 900   d) 258 804 ◯ 258 840
      999 359 ◯ 999 539   512 488 ◯ 512 486   370 890 ◯ 370 980   605 914 ◯ 600 600
      702 200 ◯ 700 800   823 712 ◯ 823 127   200 200 ◯ 200 190   467 328 ◯ 476 328

7. Ordne die Zahlen nach der Größe.
   a) 604 370, 406 730, 706 460, 670 603, 407 630
   b) 280 956, 595 280, 820 695, 956 280, 208 965
   c) 640 908, 680 809, 657 317, 608 908, 675 317
   d) 980 902, 890 902, 999 209, 989 000, 890 920

8. Setze die Folgen fort.
   a) 879 200, 879 300, 879 400, . . . , 880 400
   b) 499 950, 499 960, 499 970, . . . , 500 060
   c) 999 989, 999 990, 999 991, . . . , 1 000 000
   d) 899 850, 899 900, 899 950, . . . , 900 250

9. Schreibe die Zahlen mit Ziffern.
   a) neunhundertneunundneunzigtausend neunhundertneunzig
   b) achthundertdreiundzwanzigtausend sechshundertzweiunddreißig
   c) zweihundertachtundachtzigtausend sechshundertvierzig
   d) fünfhunderteintausend zweihundertdreizehn
   e) einhundertzweitausend fünfhundertelf
   f) siebenhunderttausend achthundertsechs
   g) vierhundertfünfzigtausend sieben

Runden von Zahlen

1. An den Kassen der Gartenschau wurden am Sonntag 9 837 Eintrittskarten verkauft.
Der „Stadtanzeiger" schrieb: „Am Sonntag besuchten 10 000 Personen die Gartenschau."

2. Gerundet oder genau?
   a) Das Buch kostet 19,80 DM.
      Das Haus kostet 263 000 DM.
      Die Zugspitze ist 3 000 m hoch.
   b) Der Kilometerzähler zeigt 85 214 km an.
      Im Hochhaus wohnen 176 Menschen.
      Frankfurt hat 600 000 Einwohner.

Runden zum Zehner	Runden zum Hunderter	Runden zum Tausender
1413 ⟶ 1410	1413 ⟶ 1400	1113 ⟶ 1000
13 867 ⟶ 13 870	13 867 ⟶ 13 900	13 867 ⟶ 14 000
127 555 ⟶ 127 560	127 555 ⟶ 127 600	127 755 ⟶ 128 000

Steht in der folgenden Stelle eine 0, 1, 2, 3 oder 4, so wird abgerundet.
Steht in der folgenden Stelle eine 5, 6, 7, 8 oder 9, so wird aufgerundet.

---

3. Runde zur Zehnerzahl.
   a) 583, 756, 830
   b) 735, 905, 287
   c) 4347, 6492, 9303
   d) 12 497, 35 694, 71 199
   e) 197 898, ✦ 185 555, 326 714

   a) 583 ⟶ 580

4. Runde zur Hunderterzahl.
   a) 764, 348, 581
   b) 549, 950, 600
   c) 7380, 9839, 4625
   d) 16 760, 14 960, 59 430
   e) 169 950, ✦ 479 499, 729 683
   f) 287 090, ✦ 599 505, 821 461

5. Zuschauerzahlen bei Fußballspielen. Runde zur Tausenderzahl.

München	43 580	Hannover	28 769	Dortmund	29 660	Köln	39 510
Stuttgart	35 390	Hamburg	40 530	Düsseldorf	38 470	Berlin	68 850
Frankfurt	24 495	Nürnberg	25 500	Schalke	36 088	Bremen	32 608

6. Runde zur Tausenderzahl. Um wieviel ist die gerundete Zahl größer oder kleiner?
   a) 37 519, 59 841
   b) 49 071, 31 725
   c) 235 998, ✦ 321 007
   d) 475 378, ✦ 539 458

   a) 37 519 ⟶ 38 000
   Unterschied: 481

Addieren und Subtrahieren

Grundstück	55 000 DM
Nebenkosten	42 000 DM
Baukosten	
Rohbau	160 000 DM
Dach	14 000 DM
Innenausbau	96 000 DM

1. Familie Ernst will ein Einfamilienhaus bauen. Der Architekt berechnet die Kosten für das Haus mit 235 000 DM und die Nebenkosten mit 40 000 DM.
Für das Grundstück mußte die Familie 80 000 DM bezahlen.

2.
a) 106 000 + 49 000 =
97 000 + 53 000 =
64 000 + 87 000 =
235 000 + 48 000 =

b) 185 000 − 40 000 =
228 000 − 60 000 =
196 000 − 70 000 =
734 000 − 90 000 =

c) 45 000 − 17 000 =
246 000 − 35 000 =
200 000 − 44 000 =
429 000 − 79 000 =

3.
a) 328 500 + 6 =
328 500 + 60 =
328 500 + 600 =
328 500 + 6 000 =

b) 660 700 + 9 =
660 700 + 90 =
660 700 + 900 =
660 700 + 9 000 =

c) 946 280 − 4 =
946 280 − 40 =
946 280 − 400 =
946 280 − 4 000 =

d) 707 430 − 8 =
707 430 − 80 =
707 430 − 800 =
707 430 − 8 000 =

4. a)

+	70	700	7 000	70 000
333 000				
845 000				
989 500				
562 700				

b)

−	90	900	9 000	90 000
280 400				
545 000				
800 000				
764 900				

5. Ergänze zu 1 000 000.

300 000	640 000	880 000	135 000	267 000	498 000	90 000	15 000

6. Subtrahiere die nebeneinanderstehenden Zahlen.

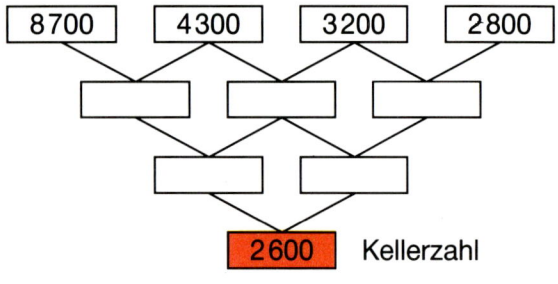

7. Berechne die Kellerzahlen.

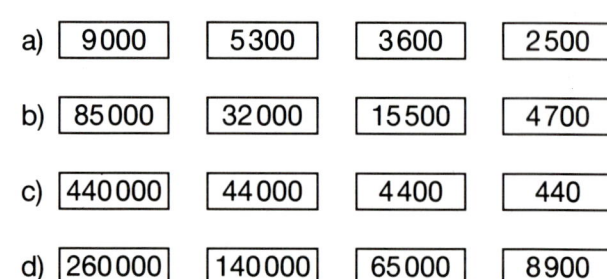

Kellerzahlen: 1 400, 2 600, 26 100, 30 800, 320 760

8. Schreibe zu jeder Zahl mehrere Mal-Aufgaben.
a) 240   b) 300   c) 250   d) 400   e) 480   f) 600   g) 720   h) 800   i) 1 000

Multiplizieren

Kinder spielen Monopoly.

Wieviel Geld ist es?

Karin rechnet:
400 + 400 + 400 + 400 + 400 = 2000

Matthias rechnet:
5 · 4 = 20   5 · 400 = 2000

Es sind 2000 Mark.

1. Wieviel Spielgeld ist es?

a) 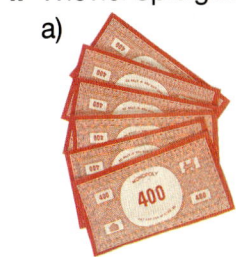   b)    c)    d) 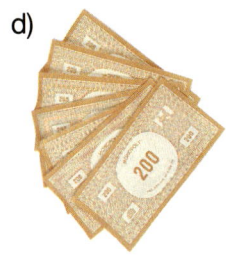   e)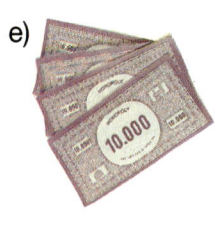

2. a) Matthias möchte Häuser für die Theaterstraße und die Museumstraße kaufen. Ein Haus kostet 3000 Mark. Er kauft 6 Häuser.
b) Julia kauft 3 Häuser für die Parkstraße und 2 Häuser für die Schloßallee. Ein Haus kostet 4000 Mark.

3.
a) 6 · 3 =
6 · 30 =
6 · 300 =
6 · 3000 =
6 · 30000 =

b) 9 · 8 =
9 · 80 =
9 · 800 =
9 · 8000 =
9 · 80000 =

c) 7 · 4 =
7 · 40 =
7 · 400 =
7 · 4000 =
7 · 40000 =

d) 8 · 5 =
✦ 8 · 50 =
8 · 500 =
8 · 5000 =
8 · 50000 =

e) 6 · 7 =
✦ 6 · 70 =
6 · 700 =
6 · 7000 =
6 · 70000 =

4.

a) · 4

E	A
3	
30	
300	
3000	
30000	

b) · 7

E	A
6	
60	
600	
6000	
60000	

c) · 8

E	A
4	
40	
400	
4000	
40000	

d) ✦ · 9

E	A
9	
90	
900	
9000	
90000	

5.
a) 4 · 700 =
9 · 8000 =
6 · 90 =
3 · 40000 =

b) 5 · 7000 =
3 · 900 =
7 · 60000 =
9 · 4000 =

c) 8 · 30 =
7 · 4000 =
9 · 60000 =
3 · 800 =

d) 6000 · 8 =
✦ 500 · 7 =
9000 · 9 =
70000 · 6 =

e) 8000 · 3 =
✦ 900 · 6 =
40000 · 8 =
3000 · 9 =

6. Bauer Lutz kauft einen Traktor. Er zahlt 14500 DM an. Den Rest zahlt er in 8 Raten zu je 3000 DM. Wieviel DM kostet der Traktor?

Dividieren

Der Tanklastzug ist mit 24 000 l Heizöl gefüllt. Brennstoffhändler Lotz verteilt das Öl gleichmäßig an 6 Haushalte. Wieviel Liter erhält jeder Haushalt?
24 : 6 = 4   24 000 : 6 = 4 000   Jeder Haushalt erhält 4 000 l Öl.

1. a) Ein Tanklastzug ist mit 18 000 l Öl gefüllt. Das Öl wird gleichmäßig an 3 Haushalte verteilt.
b) Ein Tanklastzug ist mit 28 000 l Öl gefüllt. Das Öl wird gleichmäßig an 4 Haushalte verteilt.

2.

a) : 8

E	A
32	
320	
3 200	
32 000	
320 000	

b) : 6

E	A
48	
480	
4 800	
48 000	
480 000	

c) : 7

E	A
49	
490	
4 900	
49 000	
490 000	

d) : 9

E	A
81	
810	
8 100	
81 000	
810 000	

3.
a) 2 000 : 5 =
18 000 : 6 =
240 : 4 =
27 000 : 3 =

b) 35 000 : 7 =
4 200 : 6 =
560 000 : 8 =
3 600 : 9 =

c) 2 800 : 7 =
810 000 : 9 =
63 000 : 7 =
5 400 : 6 =

d) 100 000 : 10 =
40 000 : 8 =
3 000 : 5 =
240 000 : 3 =

4.

| 2 400 | | 36 000 | | 240 000 | | 360 000 |
| | 5 600 | | 45 000 | | 120 000 | |

2 400 = 4 · 600
2 400 = 6 · 400
2 400 = 3 · 800
2 400 = 8 · 300

Schreibe zu jeder Zahl mehrere Zerlegungsaufgaben.

5.

Zahlenjagd
- Der Spielführer schreibt verdeckt eine Hunderterzahl bis 10 000 auf, z. B. 2 800.
- Die Spieler müssen die Zahl mit Aufgaben „erjagen".
- Der Spielführer sagt zu jedem Ergebnis „kleiner" oder „größer" oder „getroffen".

Beispiel:
9 000 : 3 = 3 000   „kleiner"
5 · 500 = 2 500   „größer"
7 · 400 = 2 800   „getroffen"

Schriftliches Addieren – Überschlagen

Der Kilometerzähler in Herrn Lebers Wagen zeigt den Kilometerstand zu Beginn der Woche an.

Herr Leber fährt in einer Woche 2345 km.
Wie hoch ist der Kilometerstand am Ende der Woche?

> Überschlag: 39 000 km + 2 000 km = 41 000 km
>
> Kilometerstand zu Beginn der Woche   38 934 km
> gefahrene Kilometer   + 2 345 km
> Kilometerstand am Ende der Woche   41 279 km

Der Kilometerzähler zeigt am Ende der Woche 41 279 km.

1. a) Der Kilometerzähler in Frau Schroths Wagen zeigt am Anfang des Monats 19 304 km an.
Sie fährt in einem Monat 2 314 km. Wie hoch ist der neue Kilometerstand?
b) Herrn Baumanns Kilometerzähler zeigt am Anfang der Woche 74 509 km an.
Er fährt in einer Woche 785 km.
c) Frau Engels Kilometerzähler zeigt am Anfang des Jahres 7 078 km an.
Sie fährt in einem Jahr 16 947 km.

2. Addiere. Überschlage vorher.

a) 14 372
    + 39 416

b) 52 437
    + 5 877

c) 35 674
    + 26 786

d) 16 779
    + 59 307

53 788, 58 314, 61 412, 62 460, 76 086

3. Handelsvertreter Lauser schreibt am Ende jeder Woche die gefahrenen Kilometer in sein Fahrtenbuch.
1. Woche 3 112 km   2. Woche 1 024 km   3. Woche 1 586 km   4. Woche 2 905 km
Wieviel Kilometer ist Herr Lauser in den vier Wochen gefahren?

4. Überschlage vorher.

a) 26 809
    + 17 393
    + 82 476

b) 89 334
    + 4 216
    + 47 548

c) 40 105
    + 28 317
    + 69 588

d) 19 381
    + 34 709
    + 55 394

109 484, 122 320, 126 678, 138 010, 141 098

5. Schreibe untereinander und addiere. Überschlage vorher.
a) 16 417 + 9 382 =
b) 8 586 + 31 805 =
c) 63 094 + 968 =
d) 35 667 + 24 283 + 9 065 =
e) 8 070 + 19 678 + 38 867 =
f) 678 + 32 091 + 14 095 =
✶g) 8 295 + 16 467 + 2 817 =
✶h) 52 388 + 788 + 21 206 =
✶i) 6 750 + 36 503 + 247 =

25 799, 27 579, 40 391, 43 500, 45 376, 46 864, 64 062, 66 615, 69 015, 74 382

6.

a) 27 349
    + 42 650
    69 999

b) 61 572
    + 8 476
    70 048

c) 37 421
    + 25 579
    62 000

d) 16 604
    + 406
    17 010

e) 4 753
    + 5 241
    62 994

f) 21 412
    + 6 809
    + 35 726
    63 947

g) 6 037
    + 53 453
    + 12 510
    72 000

h) 79 767
    + 5 482
    + 8 064
    83 213

i) 47 381
    + 21 614
    + 5 792
    64 787

j) 8 238
    + 27 072
    + 34 343
    59 653

Vier Aufgaben sind falsch gelöst. Kontrolliere und rechne richtig.

Schriftliches Subtrahieren

Herr Schäfer kauft ein neues Auto. Er gibt seinen alten Wagen für 6390 DM in Zahlung. Welchen Betrag muß Herr Schäfer noch zahlen?

Überschlag:
23 000 DM − 6000 DM = 17 000 DM

Rechnung:	Probe:
23 492 DM	17 102 DM
− 6 390 DM	+ 6 390 DM
17 102 DM	23 492 DM

Herr Schäfer muß noch 17 102 DM bezahlen.

1. a) Frau Quel kauft ein neues Auto für 16 320 DM. Für ihren alten Wagen bekommt sie noch 8500 DM.
b) Herr Hensel verkauft sein Auto für 7800 DM. Er kauft ein neues Auto für 14 370 DM.
c) Frau Schumann kauft ein Auto für 18 470 DM. Radio und Antenne kosten noch einmal 586 DM. Sie gibt ihren alten Wagen für 4900 in Zahlung.
d) Frau Baum kauft ein neues Auto für 21 895 DM. Die Extras kosten noch einmal 857 DM. Sie gibt ihren alten Wagen für 7650 DM in Zahlung.

2. Überschlage vorher. Addiere zur Probe.

a) 5872 − 3353
b) 9897 − 6572
c) 37 658 − 4275
d) 42 891 − 19 736
e) 90 000 − 5376
f) 40 000 − 26 533

3. Schreibe untereinander und subtrahiere. Überschlage vorher.

a) 57 260 − 3847 =
b) 90 784 − 299 =
c) 64 185 − 9409 =
d) 10 000 − 825 =
e) 40 000 − 39 913 =
f) 56 000 − 7816 =
g) 132 715 − 46 317 =
h) 203 806 − 57 599 =
i) 410 509 − 8356 =

87, 9175, 48 184, 53 413, 54 776, 86 398, 90 485, 96 305, 146 207, 402 153

4. Subtrahiere die gleiche Zahl so oft wie möglich.

a) 38 825 − 9706
b) 43 375 − 8655
c) 89 840 − 17 968
d) 49 951 − 16 317
e) 75 004 − 12 499

Endergebnisse: 0, 1, 10, 100, 1000, 10 000

5. a) Der Kilometerzähler in Frau Schlüters Wagen zeigte zu Beginn des Jahres 8509 km an. Am Ende des Jahres betrug der Kilometerstand 16 327 km.
b) Am Ende einer Spanienreise zeigte der Kilometerzähler in Herrn Hensels Wagen 51 627 km an. Beim Antritt der Reise hatte der Kilometerstand 47 453 km betragen.

6. Vervollständige die Rechnungen.

a) 3☐28 − 2☐52 = 52 101
b) 6☐46 − 2☐51 = 33 416
c) 479☐☐ − 16 142 = 3☐41
d) 889☐ − 7☐8 = 11☐11
e) 5☐3☐1 − 24☐81 = ☐011

7. a) 53☐9 − 7☐72 = 10 625
b) 6☐0☐ − 36☐79 = 31 510
c) 9576☐ − 13☐56 = 3☐72
d) 249☐ − 4☐7 = 29☐28
e) 8☐0☐4 − 4631 = 62☐7

Schriftliches Subtrahieren mehrerer Zahlen

Das Versandhaus Junghof hat noch 17 089 Kataloge vorrätig. Davon werden in der ersten Woche 8962 und in der zweiten Woche 6344 verschickt.
Wie hoch ist der Restbestand?

Nicole rechnet:

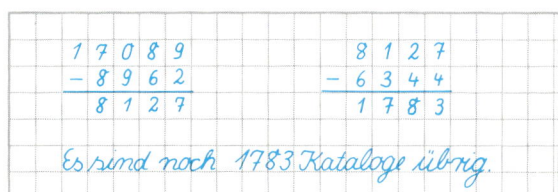

Stefan rechnet:

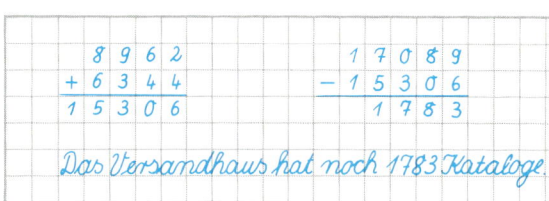

1. a) Das Versandhaus Hellermann hat 27 000 Kataloge drucken lassen. Davon werden im Januar 23 517 und im Februar 1 597 Stück verschickt.
   b) Das Versandhaus Brunner hat 100 000 Kataloge drucken lassen. Davon werden zunächst 37 518 und dann noch einmal 26 519 Stück verschickt.

2. Rechne wie Nicole oder wie Stefan. Überschlage vorher.
   a) 35 619 −   422 − 6114 =
   b) 24 910 −   6355 −   18 =
   c) 69 115 −   5789 − 8317 =
   d) 48 307 −   972 − 3608 =
   e) 66 513 − 10 814 − 2528 =
   f) 75 300 − 21 428 −   877 =
   g) 96 000 −   5633 − 14 645 =
   h) 50 000 − 34 229 − 6518 =

   9038, 18 537, 29 083, 32 419, 43 727, 52 995, 53 171, 55 009, 75 722

3. a) 84 000 − 41 516 − 24 397 =
   b) 46 200 − 2498 −   677 =
   c) 29 100 − 14 733 − 10 078 =
   d) 70 000 − 18 560 −   499 =
   e) 69 420 −   371 − 6315 =
   f) 81 916 − 19 399 − 4444 =
   g) 73 875 −   3429 − 36 381 =
   h) 42 417 −   9866 − 23 513 =

   4289, 9038, 18 087, 19 345, 34 065, 43 025, 50 941, 58 073, 62 734

Man kann zwei Zahlen auch in einem Schritt subtrahieren.

17 089 − 8962 − 6344 =

Rechnung:	Sprechweise:		Probe:
1 7 0 8 9	4, 6 plus **3** gleich 9.		1 7 8 3
− 8 9 6 2	4, 10 plus **8** gleich 18, vermerke 1.		+ 8 9 6 2
− ₁6₂3₁4 4	4, 13 plus **7** gleich 20, vermerke 2.		+ ₆₂₃₁4 4
1 7 8 3	8, 16 plus **1** gleich 17.		1 7 0 8 9

---

4. Löse die Aufgaben in einem Schritt. Addiere zur Probe.
   a)   16 344   b)   20 277   c)   82 655   d)   80 000   e)   72 800
       − 4816   − 4813   − 13 917   − 16 312   − 9312
       − 2955   − 6529   − 34 788   − 4588   − 44 899

5. Löse die Aufgaben in einem Schritt. Addiere zur Probe.
   a) 92 574 − 43 966 − 5108 =
   b) 74 057 − 8316 − 23 478 =
   c) 89 000 − 37 407 − 12 914 =
   d) 64 876 − 41 655 − 18 391 − 2999 =
   e) 26 814 − 4706 − 20 253 − 1587 =
   f) 90 000 − 5378 − 34 615 − 29 344 =

6. a) [500] [700] [9000] [6000] ⬤ [30] [70]   b) [80 000] [70 000] [30 000] [90 000] ⬤ [5] [8]

Addieren und Subtrahieren von Kommazahlen – Überschlag

Einnahmen beim Schulfest der Bergschule

Für das eingenommene Geld soll ein Klettergerüst für 600 DM angeschafft werden. Reicht das Geld?

Marion überschlägt:
210 DM + 180 DM + 140 DM + 60 DM = 590 DM

Timo überschlägt:
200 DM + 200 DM + 100 DM + 100 DM = 600 DM

Rechnung: 209,60 DM
        +   56,80 DM
        +   176,40 DM
        +   142,30 DM
              585,10 DM

Das Geld reicht nicht.

Vergleiche die Rechnung mit den Überschlägen.

1. Beim Schulfest der Pestalozzischule wurden folgende Beträge eingenommen:
   beim Theaterspiel 237,80 DM, am Waffelstand 131,90 DM, an der Wurfbude 152,50 DM und für Getränke 104,30 DM.
   Wieviel Geld wurde insgesamt eingenommen? Mache zunächst einen Überschlag.

2. Schreibe untereinander und addiere. Überschlage zunächst.
   a) 3416,71 DM + 844,19 DM + 4216,51 DM = ☐ DM   d) 3742,16 DM + 492,48 DM + 3,96 DM = ☐ DM
   b) 903,65 DM + 519,83 DM + 2623,99 DM = ☐ DM   e) 2499,34 DM + 249,71 DM + 19,92 DM = ☐ DM
   c) 5666,78 DM + 795,06 DM + 695,70 DM = ☐ DM   f) 2198,12 DM + 634,29 DM + 67,99 DM = ☐ DM
   2900,40 DM; 2768,97 DM; 3762,85 DM; 4047,47 DM; 4238,60 DM; 7157,54 DM; 8477,41 DM

3. Herr Werner hat in seinem Einkaufswagen einen Kasten Bier zu 18,40 DM, eine Dose Kaffee zu 10,98 DM, Wurst zu 12,16 DM, Käse zu 5,95 DM und Waschmittel zu 12,39 DM. Er überschlägt, ob seine 70 DM ausreichen.

4. Schreibe untereinander und subtrahiere. Überschlage zunächst.
   a) 2918,70 DM – 595,30 DM = ☐ DM   d) 2714,20 DM – 699,70 DM – 1215,80 DM = ☐ DM
   b) 8070,50 DM – 4288,60 DM = ☐ DM   e) 6570,00 DM – 1860,40 DM – 2488,74 DM = ☐ DM
   c) 9000,00 DM – 5817,40 DM = ☐ DM   f) 5840,70 DM – 3790,00 DM – 926,50 DM = ☐ DM
   798,70 DM; 923,30 DM; 1124,20 DM; 2220,86 DM; 2323,40 DM; 3182,60 DM; 3781,90 DM

5. Welche Überschläge passen zu den Aufgaben? Ordne zu und rechne aus.

   a) 243,07 DM   b) 241,78 DM   c) 264,17 DM
     – 80,95 DM   + 78,40 DM   + 92,38 DM

   d) 252,70 DM   e) 259,14 DM   f) 247,64 DM
     – 81,78 DM   – 89,17 DM   + 84,90 DM

   A 260 DM + 90 DM = ☐ DM
   B 240 DM – 80 DM = ☐ DM
   C 250 DM + 80 DM = ☐ DM
   D 260 DM – 90 DM = ☐ DM
   E 240 DM + 80 DM = ☐ DM
   F 250 DM – 80 DM = ☐ DM

Addieren und Subtrahieren von Kommazahlen

Schulverein der Pestalozzischule Ausgaben und Einnahmen			
Datum		Ausg.	Einn.
30.8.87	Guthaben		2350,89
31.8.87	Spenden		89,85
3.9.87	Rechenspiele	70,80	
23.10.87	Überschuß Zoofahrt		6,00
11.11.87	Material für Werkunterricht	63,50	
16.11.87	Zinsgutschrift		49,45
8.12.87	Überschuß Theater		51,00
20.1.88	Ausflug 4a	123,50	
7.2.88	Fotokopien privat		27,60
15.3.88	Zeichenbedarf	148,12	
12.4.88	Scheren	87,50	
8.5.88	Private Kopien		9,80
15.5.88	Folienstifte	34,50	
15.5.88	Klebeband	13,80	
21.5.88	Bälle	125,40	

1. Wieviel DM hat der Schulverein vom 30.8.87 bis zum 31.12.87 eingenommen?

2. Wieviel DM hat der Schulverein vom 1.1.88 bis zum 10.5.88 eingenommen?

3. Wieviel DM hat der Schulverein für die Schule ausgegeben?
   a) vom 3.9.87 bis zum 31.12.87
   b) vom 1.1.88 bis zum 21.5.88

4. Wie hoch war das Guthaben des Schulvereins?
   a) am 23.10.87
   b) am 20.1.88
   c) am 15.3.88
   d) am 21.5.88

5. Der Schulverein der Uhlandschule hatte einen Monat vor Ende des Schuljahres ein Guthaben von 1 472,56 DM. Kurz darauf erhielt der Verein eine Spende von 756,75 DM. In der letzten Schulwoche gab er noch 812,08 DM für Sportgeräte aus.

6. Rechne schrittweise.
   a) 528,04 DM + 38,65 DM − 95,83 DM = ▇ DM
   b) 312,58 DM − 173,19 DM + 6,09 DM = ▇ DM
   c) 74,92 DM + 462,31 DM − 71,24 DM = ▇ DM
   d) 483,17 DM − 222,22 DM + 503,87 DM = ▇ DM
   e) 56,60 DM + 754,78 DM − 681,03 DM = ▇ DM
   f) 348,29 DM − 87,33 DM + 200,95 DM = ▇ DM

   130,35 DM; 145,48 DM; 386,54 DM; 461,91 DM; 465,99 DM; 470,86 DM; 764,82 DM

7.
   a) 496,70 DM + 38,60 DM + 288,50 DM
   b) 179,30 DM + 29,60 DM + 416,80 DM
   c) 933,40 DM + 1419,60 DM + 324,80 DM
   d) 4219,50 DM + 3824,60 DM + 1999,90 DM
   e) 2109,42 DM + 317,96 DM + 250,64 DM

   625,70 DM; 823,80 DM; 2 677,80 DM; 2 677,90 DM; 2 678,02 DM; 10 044,00 DM

8.
   a) 375,80 DM − 129,30 DM − 64,80 DM
   b) 523,40 DM − 68,50 DM − 134,90 DM
   c) 807,40 DM − 419,60 DM − 321,34 DM
   d) 3517,12 DM − 833,76 DM − 215,60 DM
   e) 5219,50 DM − 3425,90 DM − 833,25 DM

   66,46 DM; 181,70 DM; 320,00 DM; 415,38 DM; 960,35 DM; 2 467,76 DM

9.
   a) 347,36 DM − 182,45 DM = ▇ DM
   b) 539,09 DM − 53,90 DM = ▇ DM
   c) 744,44 DM − 376,69 DM = ▇ DM
   d) 516,71 DM − 44,19 DM − 216,51 DM = ▇ DM
   e) 576,83 DM − 403,65 DM − 23,99 DM = ▇ DM
   f) 795,06 DM − 66,78 DM − 5,70 DM = ▇ DM

   149,19 DM; 164,91 DM; 256,01 DM; 268,30 DM; 367,75 DM; 485,19 DM; 722,58 DM

10. a) 300 320 280 260 ⊙ 30 40 60
    b) 700 420 360 560 ⊙ 80 70 90

Addieren und Subtrahieren – Sachaufgaben

1. a) Wieviel Geld gibt Familie Seifert im Monat aus?
   b) Wieviel Geld kann sie im Monat sparen?
   c) Vergleiche die Ausgaben für Essen mit dem Sparbetrag.
   d) Vergleiche die Ausgaben für Miete mit den Ausgaben für Bekleidung.
   e) Vergleiche die Ausgaben für Hausrat mit dem Sparbetrag.

2. a) Wieviel Geld kann Familie Seifert in 3 Monaten sparen?
   b) Wieviel kann sie in einem Jahr sparen?

3. Frau Koch stehen im Monat für sich und ihre Tochter 1 674 DM zur Verfügung. Ihre monatlichen Ausgaben betragen 1 587 DM.

4. Herr Klein verdient im Monat 2 423,00 DM. Davon werden 201,80 DM Lohnsteuer, 13,66 DM Kirchensteuer und 426,45 DM für Versicherungen abgezogen.
   a) Wie hoch sind Herrn Kleins Abzüge?
   b) Wieviel Geld bekommt Herr Klein im Monat ausgezahlt?

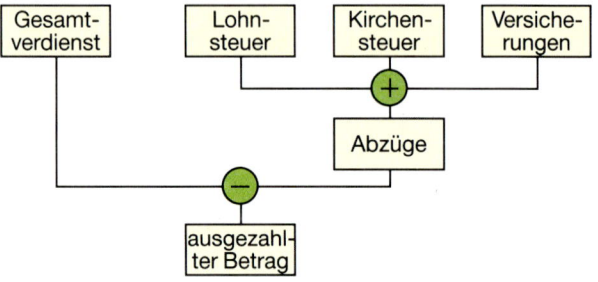

5. Frau Neu verdient im Monat 3 765,00 DM. Davon zahlt sie 858,10 DM Lohnsteuer, 77,22 DM Kirchensteuer und 662,64 DM für Versicherungen.

6. Herr Rudert bekommt im Monat 1 892,00 DM ausgezahlt. Außerdem erhält Familie Rudert 163,00 DM Wohngeld.
   Für Miete und Heizung muß Familie Rudert monatlich 635,00 DM bezahlen.
   Wieviel Geld bleibt ihr für andere Ausgaben?

7. Brennstoffhändler Görke hat 85 000 l Öl am Lager. Am Montag verkauft er 16 237 l, am Dienstag 20 340 l, am Mittwoch 12 875 l, am Donnerstag 15 890 l.
   a) Wieviel Liter Heizöl hat Herr Görke am Dienstagabend noch am Lager?
   b) Wieviel Liter Heizöl sind am Freitagmorgen noch vorrätig?

8. In einem Tanklastzug sind 30 000 l Heizöl. Lastzugfahrer Braun liefert an einem Morgen aus: an vier Haushalte je 4 000 l, an drei Haushalte je 2 000 l, an einen Haushalt 2 775 l und an einen Haushalt 3 270 l.
   a) Wieviel Heizöl liefert Herr Braun aus?   b) Wieviel Heizöl bleibt noch im Tanklastzug?

9. a) 5600 : 8 =   b) 3500 : 7 =   c) 1600 : 2 =   d) 3600 : 9 =
      7200 : 9 =   2800 : 4 =   2400 : 6 =   2100 : 3 =

Addieren und Subtrahieren – Sachaufgaben

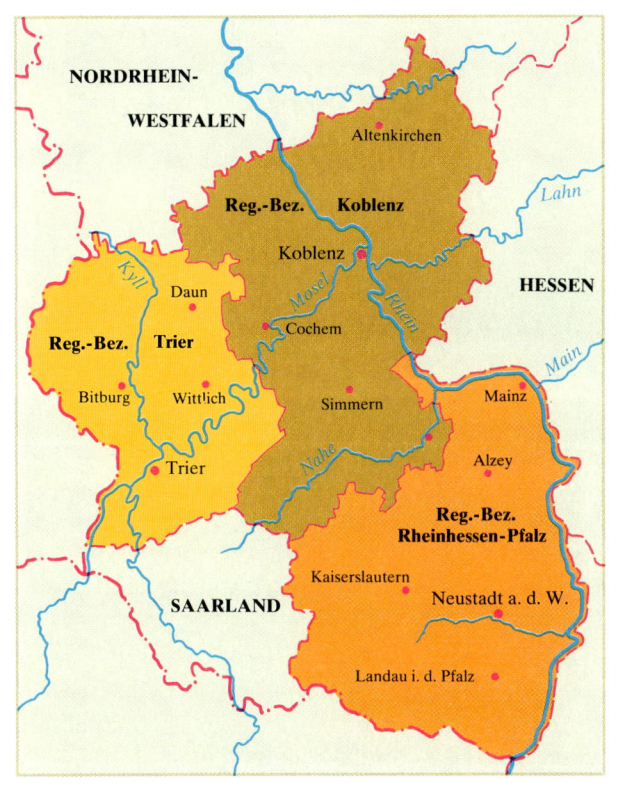

Grundschüler in Rheinland-Pfalz
Stand: 1987

Regierungsbezirk Koblenz	51 003
Regierungsbezirk Trier	18 804
Regierungsbezirk Rheinhessen-Pfalz	67 628

1. Erzähle – frage – rechne – antworte.

2. Wie viele Grundschüler gab es 1987 in Rheinland-Pfalz?

3. In Rheinland-Pfalz gab es 1981 163 571 Grundschüler. 1976 waren es 237 904. Vergleiche mit 1987.

4. a) Wie viele Grundschüler gab es im Regierungsbezirk Koblenz mehr als im Regierungsbezirk Trier?
   b) Wie viele Grundschüler gab es im Regierungsbezirk Rheinhessen-Pfalz mehr als im Regierungsbezirk Trier?
   c) Wie viele Grundschüler gab es im Regierungsbezirk Koblenz weniger als im Regierungsbezirk Rheinhessen-Pfalz?

5.
Rheinland-Pfalz	Jungen	Mädchen	Kinder
0–5 Jahre	112 000	106 000	
6–10 Jahre	70 000	67 000	
11–12 Jahre	36 000	35 000	
13–16 Jahre	93 000	88 000	
insgesamt			

a) Wie viele Kinder bis 16 Jahre gab es insgesamt?
b) Wie viele Kinder waren 10 Jahre oder jünger?
c) Wie viele Kinder waren älter als 10 Jahre?
d) Wie viele waren älter als 6 Jahre?

6. Addiere die Zahlen in den Spalten und Zeilen.

a)
6703	24810	12416	43929
8518	16405	10870	
13421	8249	19399	
28642			120791

b)
3210	27	125308	
14348	699	83803	
6543	254672	26916	
			515526

c)
18307	43816	6408	
37529	14209	17399	
24619	32725	36518	
			231530

d)
304709	100000	249806	
28439	88752	104377	
298642	13832	96809	
			1285366

7. Subtrahiere. Mache zu jeder Aufgabe die Probe.

a) 417 236 − 239 418
b) 900 412 − 452 688
c) 372 633 − 289 412
d) 732 900 − 344 718
e) 571 699 − 347 264

Sachaufgaben – Stückzahl und Preis

Preise

250 g Butter 2,50 DM	500 g Weizenmehl 1,20 DM	½ l Milch 0,60 DM
100 g Haselnußkerne 1,00 DM	1 Päckchen Backpulver 0,25 DM	1 Ei 0,25 DM
500 g Zucker 1,00 DM	1 Päckchen Vanillin-Zucker 0,20 DM	Schokoladenglasur 1,10 DM

1. Sabine und Vater wollen einen Nußkuchen backen.
  a) Wieviel benötigen sie von den einzelnen Zutaten?
  b) Wieviel Geld geben sie aus, wenn sie alle Zutaten kaufen müssen?

2. Bäcker Diehl zerschneidet Sahnetorten in 12 gleich große Stücke. Jedes Stück Torte verkauft er für 2,50 DM.
  a) Bernd kauft 4 Stück Torte.
  b) Fatima kauft 5 Stück Torte.
  c) Ulrike kauft 7 Stück Torte.
  d) Ingo kauft 2 Stück Torte.
  e) Ali kauft 10 Stück Torte.
  f) Marte kauft eine ganze Torte.
  g) Petra kauft eine halbe Torte.
  h) Kai kauft eine viertel Torte.

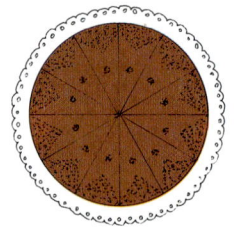

3. Wieviel von der Torte hat Bäcker Diehl schon verkauft? Wieviel DM hat er dafür eingenommen?

a)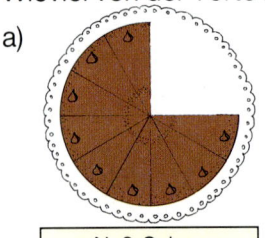
Nuß-Sahne
Stück 2,20 DM

b)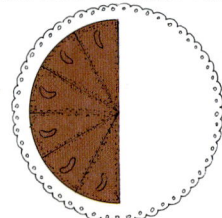
Schokoladen-Sahne
Stück 1,90 DM

c)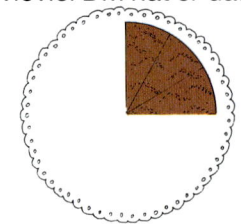
Ananas-Sahne
Stück 2,00 DM

d)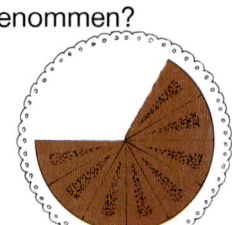
Käse-Sahne
Stück 1,70 DM

4. Berechne die Preise. Erkläre, wie du gerechnet hast.

a) Berliner

Anzahl	Preis (DM)
1	0,75
2	
3	
4	
5	

b) Kirschtörtchen

Anzahl	Preis (DM)
1	1,60
2	
4	
6	
8	

c) Hörnchen

Anzahl	Preis (DM)
1	
2	1,30
4	
6	
8	

d) Apfeltaschen

Anzahl	Preis (DM)
1	
2	
3	
5	
10	8,00

Gewichte

1. Wie schwer sind die Pakete? Was fällt dir auf?

2. Wiege verschiedene Packungen und vergleiche mit der Gewichtsangabe.

3. a) Wiege deine volle Schultasche. Schätze zunächst.
   b) Suche Gegenstände, die mehr als 1 kg, aber weniger als 5 kg wiegen.

4. Wieviel kg und g sind es?
a) 3 500 g   b) 7 050 g   c) 10 000 g
   5 675 g   9 000 g   15 000 g
   6 260 g   1 100 g   25 500 g

5. Wieviel g sind es?
a) 1 kg 800 g   b) 4 kg 5 g   c) 10 kg 600 g
   2 kg 450 g   1 kg 12 g   52 kg 50 g
   7 kg 100 g   9 kg 3 g   3 kg 300 g

1000 g = 1 kg

500 g = $\frac{1}{2}$ kg   250 g = $\frac{1}{4}$ kg

750 g = $\frac{3}{4}$ kg

6. Wieviel g sind es?
a) $\frac{1}{2}$ kg   b) $\frac{3}{4}$ kg   c) $\frac{1}{4}$ kg   d) $3\frac{1}{4}$ kg   e) $1\frac{3}{4}$ kg   f) $10\frac{1}{2}$ kg   g) $6\frac{1}{4}$ kg

7. < oder = oder >
a) 260 g $\frac{1}{4}$ kg   b) 250 g $\frac{1}{4}$ kg   c) 630 g $\frac{1}{2}$ kg   d) 100 g 1 kg   e) 700 g $\frac{3}{4}$ kg
   750 g $\frac{3}{4}$ kg   480 g $\frac{1}{2}$ kg   230 g $\frac{1}{4}$ kg   1000 g 1 kg   400 g $\frac{1}{2}$ kg

8. < oder = oder >
✦ a) 820 g $\frac{1}{2}$ kg   b) 370 g $\frac{1}{2}$ kg   c) 125 g $\frac{1}{4}$ kg   d) 1000 g $\frac{1}{2}$ kg   e) 500 g $\frac{1}{2}$ kg
    250 g $\frac{1}{4}$ kg   550 g $\frac{1}{2}$ kg   100 g $\frac{1}{4}$ kg   25 g $\frac{1}{4}$ kg   260 g $\frac{1}{4}$ kg

9. Welche Gewichtsstücke mußt du dazulegen, bis die Waage im Gleichgewicht ist?

a)    b)    c)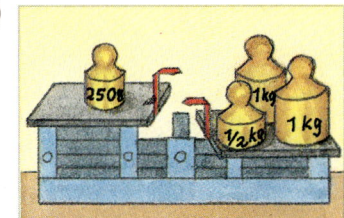

Sachaufgaben – Gewicht und Preis

1. Die Verkäuferin wiegt ein Stück Fleischwurst ab.

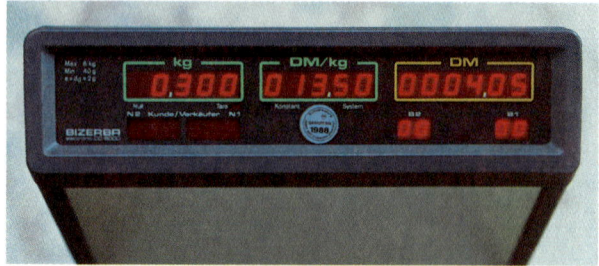

Vergleiche den angezeigten Preis mit dem Preis für 100 g.

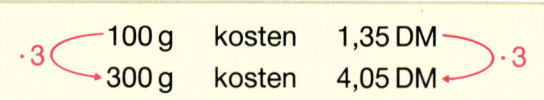

Erkläre den Lösungsweg.

2. a) Jan kauft 200 g Kochschinken.
   b) Birgit kauft 300 g Salami.
   c) Monika kauft 400 g Kochschinken.
   d) Frau Schneider kauft 200 g Salami.

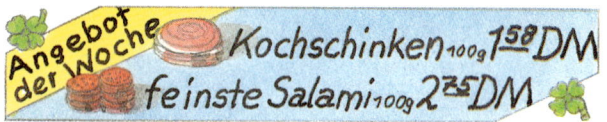

3. Berechne die fehlenden Preise. Es gibt verschiedene Wege.

a)
Fleischwurst	
Gewicht (g)	Preis (DM)
100	1,35
200	
300	
500	
1000	

b)
Schinken	
Gewicht (g)	Preis (DM)
250	5,45
500	
750	
1000	
1500	

c)
Geflügelwurst	
Gewicht (g)	Preis (DM)
50	0,90
100	
150	
200	
300	

4. Frau Kamp kauft $\frac{1}{2}$ kg Gulasch.

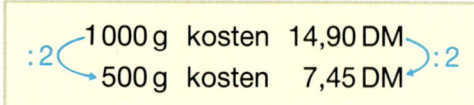

Erkläre den Lösungsweg.

5. Berechne die fehlenden Preise. Es gibt verschiedene Wege.

a)
Hähnchenschnitzel	
Gewicht (g)	Preis (DM)
100	
200	
400	
500	
1000	12,00

b)
Kotelett	
Gewicht (g)	Preis (DM)
100	
250	
500	
750	
1000	10,60

c)
Rouladen	
Gewicht (g)	Preis (DM)
250	
500	
750	
1000	18,00
1500	

6. a) Frau Mertens kauft $\frac{1}{4}$ kg Gehacktes.
   b) Herr Jürgens kauft $\frac{1}{2}$ kg Suppenfleisch.
   c) Frau Holle kauft $\frac{3}{4}$ kg Gehacktes.

Sachaufgaben – Gewichte

1. Eine Gruppe von 72 Personen möchte mit dem Aufzug nach oben. Wie oft muß der Aufzug fahren?

2. Wie viele Fahrten sind nötig?
   a) 90 Kartons mit einem Einzelgewicht von 15 kg sollen mit dem Aufzug befördert werden.
   b) 15 Kisten mit einem Einzelgewicht von 60 kg sollen mit dem Aufzug befördert werden.

3. Zwei Handwerker müssen 16 Heizkörper mit dem Aufzug nach oben bringen.
   ✺ Jeder Heizkörper wiegt 100 kg. Wie oft müssen sie fahren?

4500 g = 4 kg 500 g = 4,500 kg
Kürzer: 4,5 kg

Das Komma trennt kg und g.

4. Übertrage ins Heft und fülle aus.

	kg	g	geschrieben
2 kg 184 g	2	184	2,184 kg
651 g	0		
7 kg 35 g			
4 kg 7 g			

5. Schreibe mit Komma.
   a) 1 kg 80 g   b) 5 kg 575 g   c) 4 kg 5 g   d) 10 kg   e) 3050 g   f) 6005 g
      2 kg 25 g   8 kg 250 g   1 kg 9 g   50 kg   5675 g   7500 g

6. Ordne die Gewichte nach der Größe.
   a)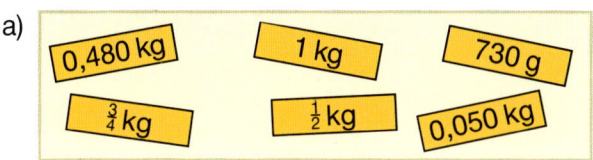
   b)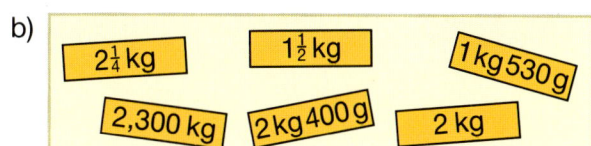

7. Wieviel kg wiegt jedes Paket?
   a) Florian packt ein: 5 Tafeln Schokolade zu je 100 g, 250 g Kakao, 1 kg Kaffee und 100 g Tee.
      Die Verpackung wiegt 450 g.
   b) Sabine packt ein: $\frac{1}{4}$ kg Pralinen, $\frac{1}{2}$ kg Kaffee, 2 Dosen Schinken zu je 620 g und 780 g Dosenwurst.
   ✺ Die Verpackung wiegt 400 g.

Tonne und Kilogramm

Das Walroß wiegt ungefähr 1 Tonne.

Die Kinder wiegen zusammen ungefähr 1 Tonne.

1 Tonne (t) = 1000 Kilogramm (kg)

1. Wo wiegt man in Tonnen? Suche Beispiele.

2.

| 3 kg | 6 kg | 120 kg | 200 kg | 1000 kg | 1500 kg | 2000 kg | 4000 kg |

Ordne die Gewichte zu. Welche Tiere wiegen eine Tonne oder sogar mehr?

3. Wieviel t und kg sind es?
   a) 2050 kg
      3850 kg
      8600 kg
   b) 4000 kg
      1080 kg
      5742 kg
   c) 7950 kg
      9505 kg
      2008 kg
   d) 5005 kg
      6600 kg
      7409 kg

   a) 2050 kg = 2 t 50 kg

4. Wieviel kg sind es?
   a) 2 t 80 kg
      1 t 150 kg
      4 t 620 kg
   b) 3 t 345 kg
      5 t 125 kg
      6 t 58 kg
   c) 1 t 100 kg
      1 t   1 kg
      1 t 10 kg
   d) 8 t
      6 t
      10 t

   a) 2 t 80 kg = 2080 kg

5. Ordne die Gewichte nach der Größe.
   a)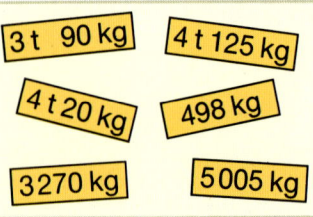
   b)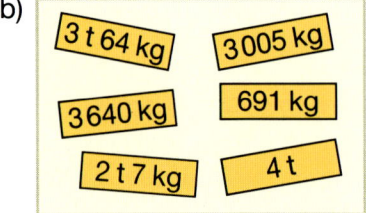
   c)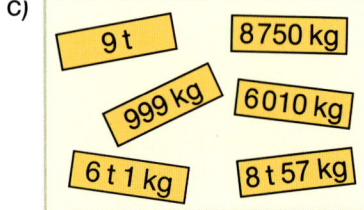

Tonne und Kilogramm

1. Erzähle – frage – antworte.

2. Welcher Lkw darf mit der Fähre übersetzen?

| Leergewicht: 1 600 kg | Leergewicht: 2 340 kg | Leergewicht: 2 137 kg |
| Ladung: 2 550 kg | Ladung: 1 970 kg | Ladung: 1 815 kg |

3. Wieviel t und kg wiegt jedes Fahrzeug?

Elektrolok: 84 000 kg Güterwagen: 11 200 kg Tanklastzug: 12 500 kg Omnibus: 11 600 kg

---

7 500 kg = 7 t 500 kg = 7,500 t
Kürzer: 7,5 t

Das Komma trennt t und kg.

---

4. Übertrage ins Heft und fülle aus.

	t	kg	geschrieben
3 t 8 kg	3	8	3,008 t
5 t 257 kg			
94 kg			
1 t 832 kg			

5. Schreibe mit Komma.
  a) 3 t 50 kg   b) 1 t 185 kg   c) 5 t 8 kg   d) 20 t
     4 t 75 kg   9 t 870 kg   2 t 7 kg   50 t

a) 3 t 50 kg = 3,050 t

6. Schreibe mit Komma.
  a) 3 450 kg   b) 4 005 kg   c) 3 000 kg   d) 500 kg
     1 775 kg   1 010 kg   8 000 kg   50 kg

a) 3 450 kg = 3,450 t

37

Liter

1. Wie kann man feststellen, in welches Glas mehr Saft paßt?

2. Nehmt verschiedene Gefäße und vergleicht ihre Größe.

   Liter (l)

3. Miß den Inhalt verschiedener Gefäße mit Meßbechern. Schätze vorher, wieviel Flüssigkeit hineinpaßt.

4. Welche Gefäße fassen ungefähr soviel?
   a) 1 Liter   b) ½ Liter   c) ¼ Liter   d) 2 Liter   e) 5 Liter   f) 10 Liter

5. Wieviel ¼ l-Becher werden voll?
   a) 1 l Saft   b) 2 l Saft   c) ½ l Saft   d) 1½ l Saft   e) 3 l Saft   f) 6 l Saft
   Denke dir weitere Aufgaben aus.

6. Für ein Klassenfest werden 5 Literflaschen Limonade, 4 Literflaschen Apfelsaft und 2 Literflaschen Mineralwasser eingekauft. Wieviel ¼ l-Becher können insgesamt mit Getränken gefüllt werden?

1 Liter (1 l)   ½ Liter (½ l)   ¼ Liter (¼ l)

7. Miß den Inhalt verschiedener Flaschen und Packungen und vergleiche.

8. Für die Klassen 4a und 4b werden beim Hausmeister bestellt: 12 Tüten Kakao, 4 Tüten Milch, 8 Tüten Erdbeermilch und 6 Tüten Bananenmilch. Jede Tüte enthält ¼ Liter.
   a) Wieviel Liter Kakao trinken die Kinder?
   b) Wieviel Liter Milch trinken die Kinder?
   c) Wieviel Liter Erdbeermilch trinken die Kinder?
   d) Wieviel Liter Bananenmilch trinken die Kinder?

9. Bestellung der Pestalozzischule am 4. Dezember

Klasse	1a	1b	2a	2b	3a	3b	4a	4b	zusammen
Kakao (¼ l-Tüten)	18	20	12	16	19	17	13	21	
Milch (¼ l-Tüten)	6	3	5	—	7	8	2	1	

   a) Wieviel Liter Kakao werden jeden Tag an die Pestalozzischule geliefert?
   b) Wieviel Liter Milch werden täglich geliefert?

Liter

1. Erzähle – frage – rechne – antworte.

2. Das Faß soll gefüllt werden.
   a) mit einem 5 l-Eimer
   b) mit einer 10 l-Gießkanne
   c) mit einem 3 l-Gefäß
   d) mit einer 1 l-Kanne
   e) mit einer ½ l-Kanne

   a) 150 : 5 =   Eimer

3. Die Kinder wollen das Planschbecken mit Wasser füllen. Jedes Kind hat seinen Eimer schon sechsmal geleert. Annes Eimer faßt 8 l, Utes Eimer 5 l und Jans Eimer 2 l.

4. Im letzten Sommer wurde das Becken neunmal ganz gefüllt.

5. Aus einem Wasserbecken mit 350 l Inhalt werden 8 Eimer mit je 10 l, 6 Eimer mit je 12 l und 15 Eimer mit je 5 l herausgeschöpft. Wieviel Liter Wasser sind noch im Becken?

6. Das Schwimmbecken faßt 60 000 l Wasser. Um 8.30 Uhr ist es zu einem Drittel gefüllt.
   a) Wieviel Liter Wasser sind schon darin?
   b) Wieviel Liter Wasser fehlen noch?

7. Ein Lehrschwimmbecken faßt 100 000 l.
   ✹ Wenn es mit Wasser gefüllt wird, fließen in einer Minute 250 l Wasser ein. Wie lange dauert das Füllen des Beckens?

Multiplizieren mit 10 (100)

Im April hat Herr Schumacher 65 kg Frühkartoffeln gepflanzt. Im Juli hat er 10 mal so viel geerntet.

10 · 65 = 10 · (60 + 5) = 10 · 60 + 10 · 5 =

Kannst du auch anders rechnen?

1. Was fällt dir bei den Ergebnissen auf?

a) 10 · 74 =	b) 10 · 205 =	c) 10 · 816 =	d) 100 · 42 =	e) 100 · 253 =
10 · 36 =	10 · 530 =	10 · 903 =	100 · 25 =	100 · 107 =
10 · 58 =	10 · 749 =	10 · 280 =	100 · 64 =	100 · 590 =

Multiplizieren mit 10

10 · 574 =

T	H	Z	E
	5	7	4
5	7	4	0

Aus 4 E werden 4 Z.
Aus 7 Z werden 7 H.
Aus 5 H werden 5 T.
In die Einerstelle kommt eine Null.

Multiplizieren mit 100

100 · 642 =

ZT	T	H	Z	E
		6	4	2
6	4	2	0	0

Aus 2 E werden 2 H.
Aus 4 Z werden 4 T.
Aus 6 H werden 6 ZT.
In die Zehnerstelle und in die Einerstelle kommt eine Null.

2.
a) 10 · 854 =	b) 10 · 2557 =	c) 100 · 57 =	d) 100 · 436 =
10 · 65 =	10 · 629 =	100 · 207 =	100 · 28 =
10 · 290 =	10 · 7028 =	100 · 83 =	100 · 730 =
10 · 517 =	10 · 306 =	100 · 999 =	100 · 541 =

3.
a) ▢ · 62 = 620	b) ▢ · 607 = 60 700	c) ▢ · 3245 = 32 450	d) ▢ · 371 = 3 710
▢ · 426 = 4 260	▢ · 84 = 8 400	▢ · 709 = 70 900	▢ · 8008 = 80 080
▢ · 70 = 7 000	▢ · 940 = 9 400	▢ · 6430 = 64 300	▢ · 555 = 5 550
▢ · 804 = 8 040	▢ · 56 = 5 600	▢ · 2104 = 21 040	▢ · 623 = 62 300

4. ✦

a) · 10

E	A
28	
4120	
314	
25	
416	
7	

b) · 10

E	A
	130
	4000
	5380
	740
	2300
	910

c) · 100

E	A
52	
8	
416	
31	
90	
164	

d) · 100

E	A
	53 700
	9 000
	40 300
	93 000
	70 700
	5 900

Dividieren durch 10 (100)

Herr Jansen hat im Herbst 720 kg Kartoffeln geerntet. Den 10. Teil behielt er für seine Familie.

$$720 : 10 = (700 + 20) : 10 = 700 : 10 + 20 : 10 = \square$$

Kannst du auch anders rechnen?

1. Was fällt dir bei den Ergebnissen auf?

a) 830 : 10 =
   240 : 10 =
   680 : 10 =

b) 4600 : 10 =
   2030 : 10 =
   8750 : 10 =

c) 8200 : 100 =
   7300 : 100 =
   3600 : 100 =

d) 10400 : 100 =
   28000 : 100 =
   54100 : 100 =

Dividieren durch 10

3540 : 10 =

T	H	Z	E
3	5	4	0
	3	5	4

Aus 3 T werden 3 H.
Aus 5 H werden 5 Z.
Aus 4 Z werden 4 E.
Die Null am Ende fällt weg.

Dividieren durch 100

97300 : 100 =

ZT	T	H	Z	E
9	7	3	0	0
		9	7	3

Aus 9 ZT werden 9 H.
Aus 7 T werden 7 Z.
Aus 3 H werden 3 E.
Die beiden Nullen am Ende fallen weg.

---

2. a) 380 : 10 =
   2470 : 10 =
   900 : 10 =
   7650 : 10 =

b) 56280 : 10 =
   6300 : 10 =
   84110 : 10 =
   30040 : 10 =

c) 8600 : 100 =
   900 : 100 =
   42300 : 100 =
   39200 : 100 =

d) 4000 : 100 =
   29300 : 100 =
   1700 : 100 =
   75000 : 100 =

3. a) ☐ : 10 = 577
   ☐ : 10 = 43
   ☐ : 10 = 800
   ☐ : 10 = 265

b) ☐ : 10 = 945
   ☐ : 10 = 7651
   ☐ : 10 = 4769
   ☐ : 10 = 604

c) ☐ : 100 = 76
   ☐ : 100 = 104
   ☐ : 100 = 50
   ☐ : 100 = 908

d) ☐ : 100 = 382
   ☐ : 100 = 99
   ☐ : 100 = 830
   ☐ : 100 = 743

4. a) : 10

E	A
410	
80	
5300	
130	
14080	
670	

b) : 10

E	A
	5311
	496
	6305
	60
	782
	3758

c) : 100

E	A
70000	
5600	
61300	
1900	
82000	
400	

d) : 100

E	A
	48
	7
	801
	93
	526
	250

Multiplizieren und Dividieren mit Zehnerzahlen (Hunderterzahlen)

In der Bücherei der Altstadt befinden sich 50 Regalbretter. Auf jedem Brett stehen 30 Bücher.
Wie viele Bücher sind vorhanden?

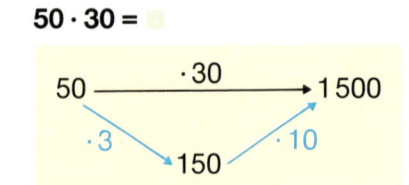

50 · 30 =

50 —·30→ 1500
·3 ↘ 150 ↗ ·10

In der Bücherei der Altstadt sind 1500 Bücher vorhanden.

1. Melanie möchte wissen, wie viele Bücher in der Bücherei der Neustadt vorrätig sind. Die Bibliothekarin verrät: „70 Regalbretter sind voll. Auf einem Brett stehen 30 Bücher."

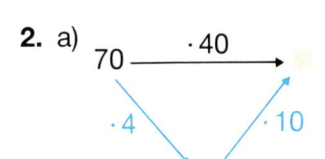

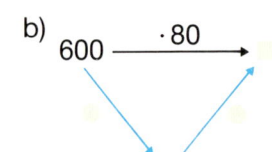

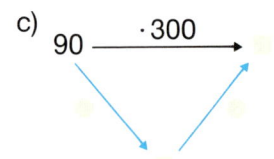

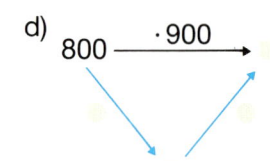

2. a) 70 —·40→   ·4 ↘ ↗ ·10
b) 600 —·80→
c) 90 —·300→
d) 800 —·900→

3. a) 70 · 40 =
50 · 90 =
80 · 30 =

b) 40 · 200 =
60 · 400 =
90 · 300 =

c) 600 · 80 =
400 · 30 =
500 · 90 =

d) 400 · 600 =
900 · 300 =
700 · 200 =

e) 800 · 900 =
600 · 700 =
700 · 400 =

Der Bibliothekar der Oststadt-Bücherei möchte für 2800 Bücher Regale anschaffen. Auf ein Regalbrett sollen 40 Bücher kommen.
Wie viele Regalbretter muß er kaufen?

Er muß 70 Regalbretter kaufen.

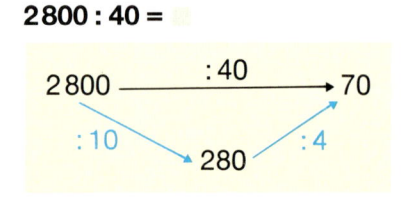

2800 : 40 =

2800 —:40→ 70
:10 ↘ 280 ↗ :4

4. In der Weststadt wird eine Bücherei eingerichtet. Es sollen Regale gekauft werden, auf die jeweils 30 Bücher passen.
Wie viele Regale müssen angeschafft werden, wenn Platz für 2400 Bücher sein soll?

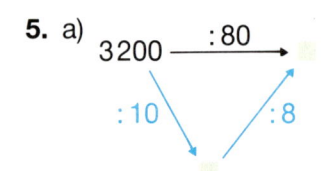

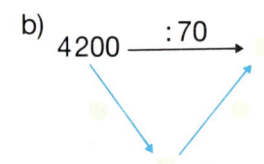

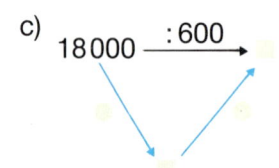

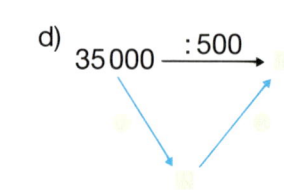

5. a) 3200 —:80→   :10 ↘ ↗ :8
b) 4200 —:70→
c) 18000 —:600→
d) 35000 —:500→

6. a) 4800 : 60 =
3200 : 40 =
7200 : 90 =

b) 8100 : 90 =
6400 : 80 =
3600 : 40 =

c) 24000 : 600 =
42000 : 700 =
32000 : 800 =

d) 42000 : 600 =
36000 : 900 =
49000 : 700 =

7. Schreibe zu jeder Zahl mehrere Zerlegungsaufgaben.
a) 3600   b) 4500   c) 7200   d) 63000   e) 28000

a) 3600 = 6 · 600
3600 = 90 · 40

Multiplizieren und Dividieren großer Zahlen

ZWEIRAD-SCHMITZ
Monat: Oktober

Artikel	Verkauf	Einnahme
TX	6	
ZS	4	
Hollandrad	8	

1. Wieviel hat die Firma ZWEIRAD-SCHMITZ im Oktober für die einzelnen Fahrzeugarten eingenommen?

TX $8020 \cdot 6 =$ $(8000 + 20) \cdot 6 = 8000 \cdot 6 + 20 \cdot 6 = 48000 + 120 = 48120$
Für die 6 Motorräder hat ZWEIRAD-SCHMITZ 48 120 DM eingenommen.

2. MOTORRADHAUS LIPPMANN hat im Monat Oktober verkauft:

8 Mofas zu je 1 600 DM   4 Motorräder zu je 7 080 DM   9 Mopeds zu je 1 900 DM

3. Zerlege die Zahlen und multipliziere schrittweise.
- a) $3040 \cdot 3 =$
- $850 \cdot 5 =$
- $4700 \cdot 2 =$
- b) $908 \cdot 7 =$
- $5060 \cdot 4 =$
- $8300 \cdot 6 =$
- c) $690 \cdot 8 =$
- $970 \cdot 5 =$
- $704 \cdot 9 =$
- d) $1070 \cdot 8 =$
- $8006 \cdot 7 =$
- $2400 \cdot 4 =$
- e) $380 \cdot 9 =$
- $7700 \cdot 4 =$
- $6030 \cdot 6 =$

3 420, 4 250, 4 850, 5 520, 6 336, 6 356, 8 560, 9 120, 9 400, 9 600, 9 870, 20 240, 30 800, 36 180, 49 800, 56 042

4. Eine Sammlung für die Welthungerhilfe erbrachte 6 090 DM. Das Geld soll zu gleichen Teilen an drei Städte in der Dritten Welt gegeben werden.

$6090 : 3 =$ $(6000 + 90) : 3 = 6000 : 3 + 90 : 3 = 2000 + 30 = 2030$
Jede Stadt bekommt 2 030 DM.

Rechne nach und erkläre den Lösungsweg.

5. Zerlege die Zahlen und dividiere schrittweise.
- a) $9600 : 3 =$
- $840 : 2 =$
- $4080 : 4 =$
- b) $6080 : 2 =$
- $4800 : 4 =$
- $306 : 3 =$
- c) $808 : 4 =$
- $9006 : 3 =$
- $8040 : 2 =$
- d) $3900 : 3 =$
- $8008 : 4 =$
- $9030 : 3 =$

102, 202, 420, 1 020, 1 200, 1 300, 2 002, 3 002, 3 010, 3 040, 3 080, 3 200, 4 020

6. Rechne und vergleiche.
- a) $3 \cdot 2000 + 400 =$
- $3 \cdot (2000 + 400) =$
- b) $7 \cdot (3000 + 20) =$
- $7 \cdot 3000 + 20 =$
- c) $4 \cdot (6000 + 70) =$
- $4 \cdot 6000 + 70 =$
- d) $8 \cdot 900 + 8 =$
- $8 \cdot (900 + 8) =$
- e) $(8000 + 400) : 2 =$
- $8000 + 400 \ : 2 =$
- f) $9000 + 60 \ : 3 =$
- $(9000 + 60) : 3 =$
- g) $(4000 + 8) : 4 =$
- $4000 + 8 \ : 4 =$
- h) $(6000 + 90) : 3 =$
- $6000 + 90 \ : 3 =$

Schriftliches Multiplizieren mit einer einstelligen Zahl

Ohne Überschreiten
312 · 3 =   Überschlag: 300 · 3 = 900

Ausführliche Form   Schriftliches Multiplizieren

H	Z	E	
3	1	2	· 3
		6	← 3 · 2
	3	0	← 3 · 10
9	0	0	← 3 · 300
9	3	6	

H	Z	E	
3	1	2	· 3
9	3	6	

Sprechweise:
3 · 2 E = 6 E (schreibe 6)
3 · 1 Z = 3 Z (schreibe 3)
3 · 3 H = 9 H (schreibe 9)

---

1. Multipliziere schriftlich. Überschlage vorher.

a) 232 · 3	b) 434 · 2	c) 3103 · 3	d) 1011 · 8
1234 · 2	1213 · 3	122 · 4	1002 · 4
333 · 3	221 · 4	1302 · 3	231 · 2

a) Ü. 200 · 3 = 600
232 · 3
‾‾‾‾‾
696

Mit Überschreiten
647 · 4 =   Überschlag: 600 · 4 = 2400

Ausführliche Form   Schriftliches Multiplizieren

H	Z	E	
6	4	7	· 4
	2	8	← 4 · 7
1	6	0	← 4 · 40
2	4	0	0 ← 4 · 600
2	5	8	8

H	Z	E	
6	4	7	· 4
2	5	8	8

Sprechweise:
4 · 7 E = 28 E   28 E = 2 Z + 8 E
(schreibe 8, merke 2)
4 · 4 Z = 16 Z   16 Z + 2 Z = 18 Z   18 Z = 1 H + 8 Z
(schreibe 8, merke 1)
4 · 6 H = 24 H   24 H + 1 H = 25 H
(schreibe 25)

---

2. Multipliziere schriftlich. Überschlage vorher.

a) 474 · 4	b) 8603 · 6	c) 854 · 3	d) 9512 · 3
3632 · 3	738 · 4	1155 · 2	✦ 7203 · 8
216 · 8	5966 · 7	2630 · 6	972 · 7
5119 · 6	857 · 9	6914 · 5	3333 · 4

1728, 1896, 2310, 2562, 2952, 6804, 7713, 10896, 13332, 15780, 16776, 28536, 30714, 34570, 41762, 51618, 57624

a) 474 · 4
‾‾‾‾‾
1896

3.

a) 328 · 7	b) 5400 · 9	c) 8624 · 8	d) 9640 · 6	e) 2185 · 2
2576 · 3	992 · 8	968 · 2	✦ 8055 · 5	✦ 6319 · 4
462 · 4	3879 · 6	4876 · 7	512 · 9	857 · 8
1684 · 5	8417 · 2	708 · 9	3535 · 7	1025 · 9

1848, 1936, 2296, 3703, 4370, 4608, 6372, 6856, 7728, 7936, 8420, 9225, 16834, 23274, 24745, 25276, 34132, 40275, 48600, 57840, 68992

---

4. Ute rechnet die Aufgaben 858 · 3, 429 · 6 und 286 · 9. Sie erhält immer das gleiche Ergebnis. Prüfe nach. Erkläre die Ergebnisse.

5. Esma möchte die Zahlen 6748, 13496 und 26992 so multiplizieren, daß immer das gleiche ✦ Ergebnis herauskommt. Mit welchen Zahlen kann sie multiplizieren?
Es gibt nicht nur eine Möglichkeit.

Schriftliches Multiplizieren mit einer einstelligen Zahl

1. Viele Schüler fahren zur Schule nach Kroppach. Erzähle – frage – rechne – antworte.

2. Petra fährt täglich mit dem Bus von Heimborn zur Schule nach Kroppach.
   Sie hat im Jahr an 218 Tagen Unterricht. Wieviel Kilometer fährt sie in 4 Jahren?

3.

	Heuzert – Kroppach	Marzhausen – Kroppach	Giesenhausen – Kroppach	Bhf. Ingelbach – Kroppach
Fahrstrecke an einem Schultag				
Fahrstrecke im Schuljahr (218 Tage)				
Fahrstrecke in 4 Schuljahren				

4. Wieviel Kilometer fahren die Schulbusse auf den Linien von Burbach nach Kroppach, von Kundert nach Kroppach und von Marzhausen nach Kroppach zusammen an einem Tag?
   Wieviel km fahren sie in einer Woche mit schulfreiem Samstag?

5. Bianca wohnt in Heimborn. Sie fährt mit dem Bus in den Kindergarten nach Mörsbach.
   Wieviel km fährt sie pro Jahr, wenn sie an 230 Tagen den Kindergarten besucht?

6. Multipliziere schriftlich. Vertausche die Zahlen, wenn nötig.
   a) 5 · 4446   b) 8 · 8519   c) 7 · 25092   d) 7038 · 4   e) 4 · 34653
      9374 · 8   6 · 1384   21808 · 2   ✶ 6 · 18748   ✶ 42260 · 7
      3 · 4152   7410 · 7   16576 · 9   8206 · 9   8 · 50345
   8304, 12456, 22230, 28152, 43616, 51870, 68152, 73854, 74992, 86468, 112488, 138612, 149184, 175644, 295820, 402760

7. Erik hat in jeder Tabelle drei Fehler gemacht. Überprüfe und rechne richtig.

   a)
·	7	8	6
721	5047	5768	4326
907	6349	7265	5452
866	6062	6828	5196

   b)
·	7	8	6
1496	10482	11968	8976
3844	26908	30752	23066
6708	46956	53664	40448

8. Runde auf volle DM: 2,89 DM; 9,75 DM; 4,21 DM; 11,50 DM; 7,04 DM; 15,92 DM; 8,00 DM; 31,48 DM

Schriftliches Multiplizieren von Kommazahlen – Überschlagen

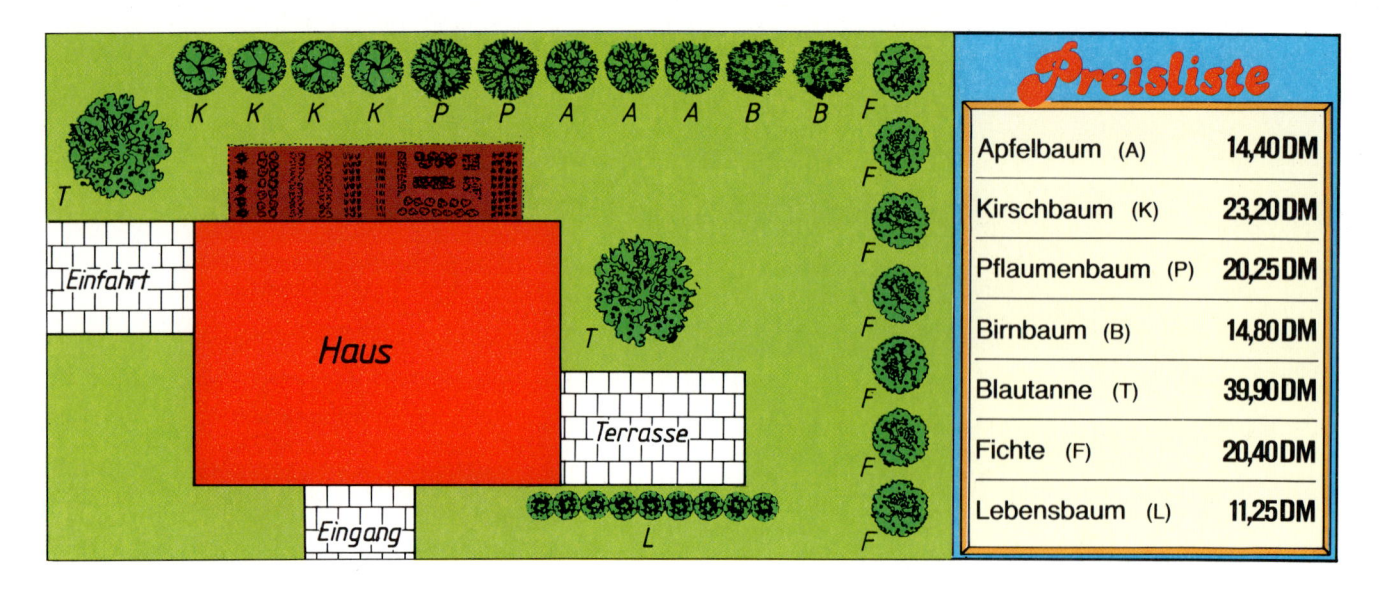

Preisliste

Apfelbaum	(A)	14,40 DM
Kirschbaum	(K)	23,20 DM
Pflaumenbaum	(P)	20,25 DM
Birnbaum	(B)	14,80 DM
Blautanne	(T)	39,90 DM
Fichte	(F)	20,40 DM
Lebensbaum	(L)	11,25 DM

1. Familie Schäfer will einen Garten anlegen. Sie suchen in einem Katalog Bäume aus. Frau Schäfer zeichnet in einen Plan ein, welche Bäume gepflanzt werden sollen.
  a) Wieviel kosten die Bäume einer Sorte?
  b) Wieviel kosten die Bäume zusammen?

a) 3 Apfelbäume
  3 · 14,40 DM = ☐ DM | 14,40 DM = 1440 Pf
                          | 14 40 · 3
  Überschlag: | 4320
  3 · 14 DM = 42 DM | 4320 Pf = 43,20 DM
  Die Apfelbäume kosten 43,20 DM.

2. Wieviel kosten die Bäume?
Überschlage zunächst. Runde dazu auf volle DM.
  a) 7 Birnbäume   c) 8 Apfelbäume   e) 6 Kirschbäume   g) 5 Blautannen
  b) 9 Fichten   d) 4 Lebensbäume   f) 3 Pflaumenbäume   h) 6 Fichten

3. Vertausche die Zahlen zum Multiplizieren. Überschlage vorher.
  a) 6 · 4,34 DM   b) 8 · 5,95 DM   c) 2 · 26,67 DM   d) 7 · 12,38 DM   e) 5 · 9,52 DM
     2 · 43,33 DM   3 · 13,36 DM   7 · 57,72 DM   ✦ 8 · 5,01 DM   ✦ 4 · 72,27 DM
     5 · 37,60 DM   6 · 67,34 DM   8 · 23,50 DM   9 · 32,12 DM   7 · 37,44 DM
     7 · 7,62 DM   9 · 29,12 DM   4 · 6,51 DM   3 · 15,66 DM   9 · 5,22 DM
  26,04 DM; 40,08 DM; 46,98 DM; 47,60 DM; 53,34 DM; 86,66 DM; 188,00 DM; 262,08 DM; 289,08 DM; 404,04 DM
  Je zwei Aufgaben haben dasselbe Ergebnis.

4. Wieviel Meter Zaun werden für die Gärten benötigt?

Bechts Garten — 21,40 m
Jansons Garten — 24,65 m
Heses Garten — 17,35 m
Müllers Garten — 28,60 m

Insgesamt werden 368 m Zaun benötigt.

5. Überschlage vorher.
  a) 3 · 21,06 m   b) 8 · 48,65 m   c) 4 · 97,11 m   d) 7 · 135,26 m   e) 6 · 827,04 m
     5 · 17,92 m   6 · 83,37 m   2 · 73,91 m   ✦ 9 · 454,81 m   ✦ 8 · 578,57 m
  63,18 m; 89,60 m; 147,82 m; 388,44 m; 389,20 m; 421,45 m; 500,22 m; 946,82 m; 4093,29 m; 4628,56 m; 4962,24 m

Körperformen

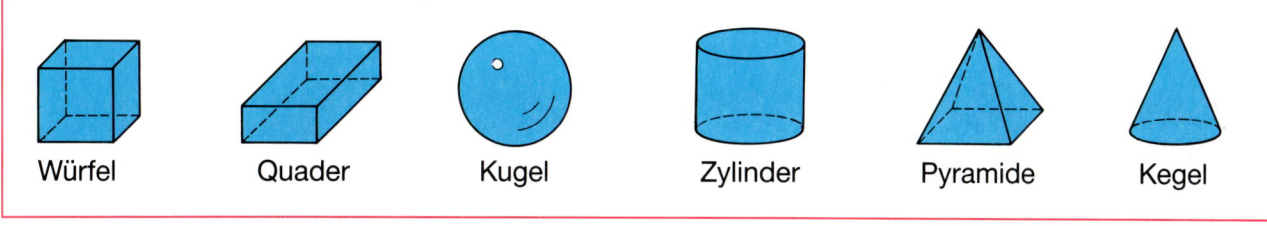

	Würfel	Quader	Kugel	Zylinder	Pyramide	Kegel

1. a) Zeichne die Tabelle ab und ordne die Gegenstände ein.

Würfel	Quader	Kugel	Zylinder	Pyramide	Kegel
D	C	A	B		

b) Suche andere Gegenstände mit diesen Formen und beschreibe sie.

2. Forme aus Knetmasse: a) eine Kugel   b) einen Zylinder   c) einen Kegel   d) eine Pyramide

3. An welchen Gegenständen kommen solche Flächen vor?

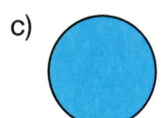

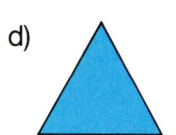

a)   b)   c)   d)

Würfel und Quader – Bauen

1. Stelle aus Knetmasse einen Würfel und einen Quader her.

2. Baue mit Steckwürfeln einen Quader und einen Würfel.
   Wie viele Steckwürfel hast du jeweils benötigt?

Modell eines Quaders
Kante
Ecke

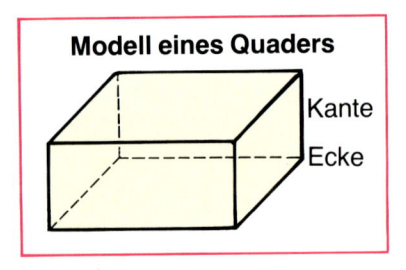

3. a) Wie viele Ecken hat ein Würfel? Wie viele Ecken hat ein Quader?
   b) Wie viele Kanten hat ein Würfel? Wie viele Kanten hat ein Quader?
   c) Wie viele Kanten stoßen jeweils in einer Ecke zusammen?

4. a) Wie viele Kanten sind bei einem Würfel gleich lang?
   b) Wie viele Kanten sind bei einem Quader gleich lang?

5. Der Würfel und der Quader sind aus blauen und roten Steckwürfeln gebaut.
   Alle äußeren Würfel sind blau, alle Würfel im Inneren rot.

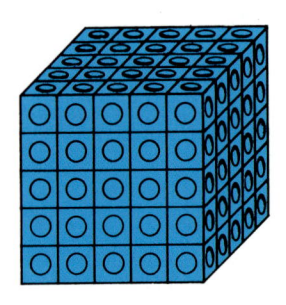

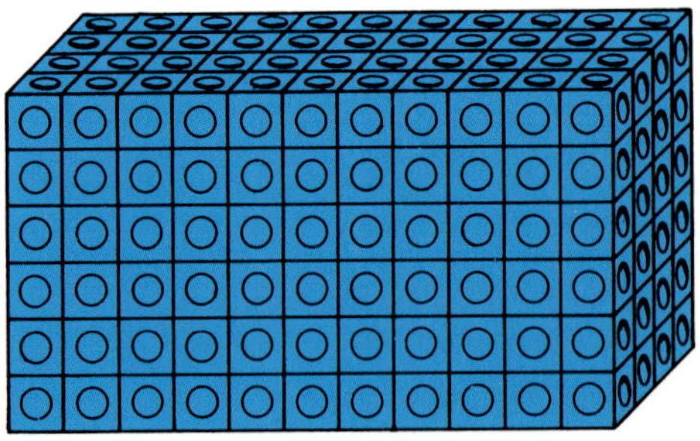

   a) Aus wie vielen Steckwürfeln besteht der Würfel?
   Wie viele Steckwürfel sind blau? Wie viele rot?
   Baue den Würfel und prüfe nach.

   b) Aus wie vielen Würfeln besteht der Quader?
   Wie viele Würfel sind blau? Wie viele rot?
   Baue den Quader und prüfe nach.

6. Frank hat 18 Streichholzschachteln zu einem Quader zusammengebaut und dann rot angemalt.
   a) Wie viele Schachteln haben nur eine rote Fläche?
   b) Wie viele Schachteln haben zwei rote Flächen?
   c) Wie viele Schachteln haben drei rote Flächen?

Würfel und Quader – Flächenmodelle

1. a) Schneide verschiedene Schachteln auf und falte sie auseinander.
   b) Baue aus Pappe einen Würfel und einen Quader.
      Worauf mußt du dabei achten?

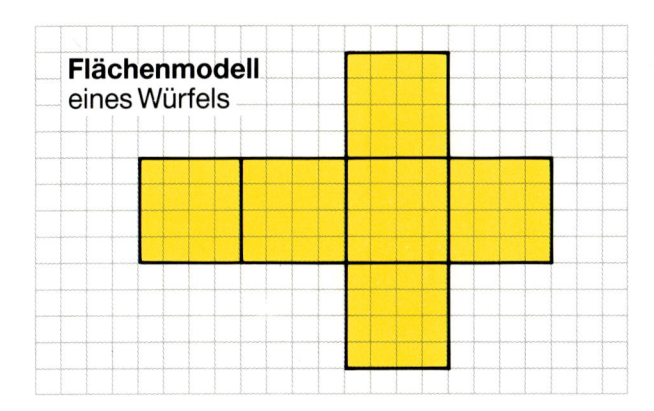

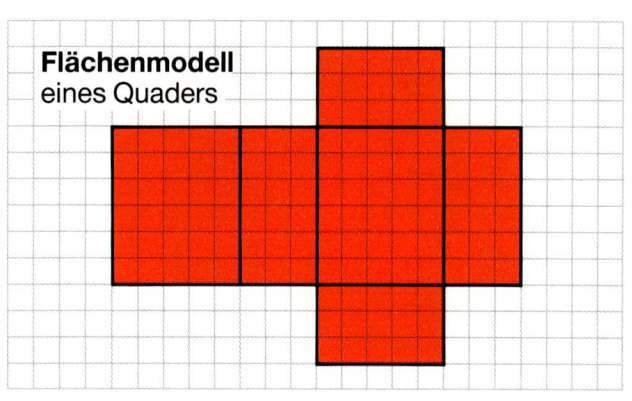

Flächenmodell eines Würfels

Flächenmodell eines Quaders

2. a) Vergleiche das Flächenmodell des Würfels mit dem Flächenmodell des Quaders.
   b) Zeichne die Flächenmodelle in dein Heft.
   c) Male die Flächen, die nach dem Zusammenfalten einander gegenüberliegen, jeweils mit der gleichen Farbe an.
   d) Schneide die Flächenmodelle aus und kontrolliere durch Falten.

3. Aus welchem Flächenmodell kannst du einen Würfel oder Quader bauen?

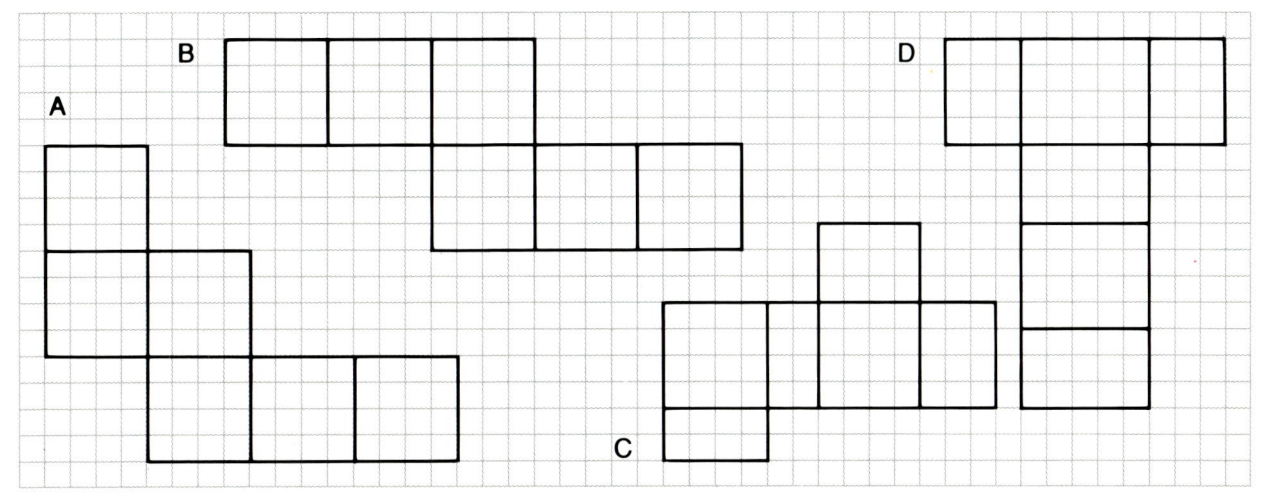

Zeichne ab. Schneide aus und überprüfe durch Falten.

Senkrechte Linien – rechte Winkel

1. Falte ein Stück Papier so, daß zwei Faltlinien aufeinander liegen. Zeichne die Faltlinien rot nach.

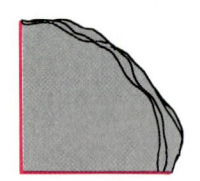

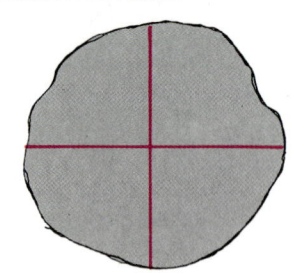

Die Faltlinien sind senkrecht zueinander. Es entstehen vier **rechte Winkel.**

2. Prüfe mit gefaltetem Papier oder Geodreieck, ob die Linien zueinander senkrecht sind.

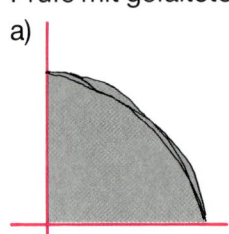

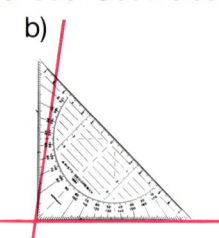

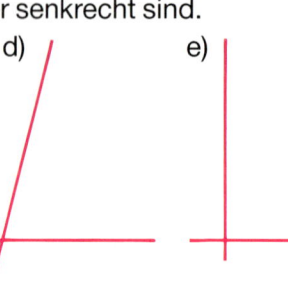

a)   b)   c)   d)   e)

3. Zeige auf den Fotos rechte Winkel. Wie viele kannst du erkennen?

4. Zeichne die Figuren ab.

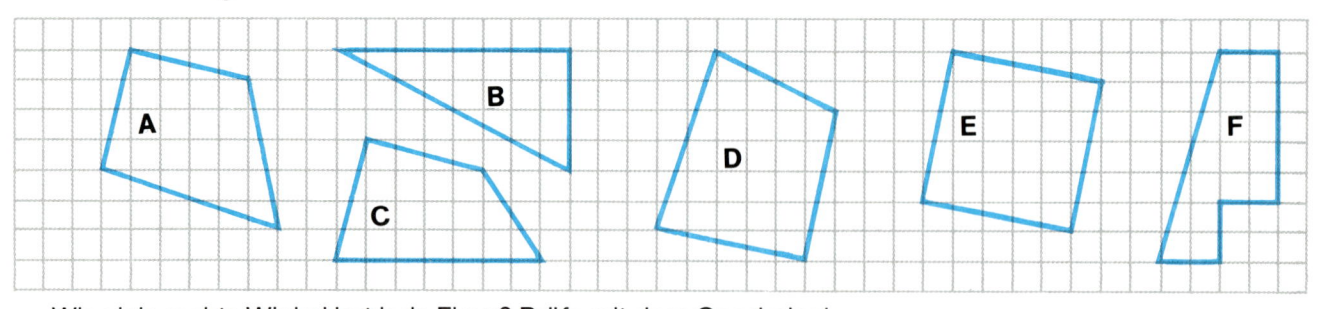

Wie viele rechte Winkel hat jede Figur? Prüfe mit dem Geodreieck.

5. Zeige an den Gegenständen rechte Winkel.

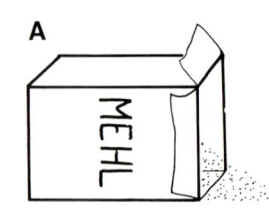

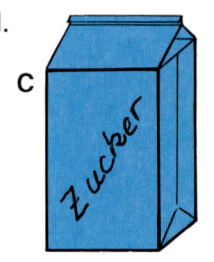

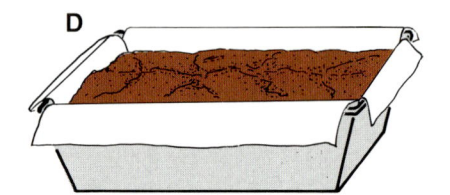

Prüfe auch bei anderen Gegenständen, ob sie rechte Winkel haben. Verwende dazu ein Geodreieck.

Parallele Linien

1. Falte ein Blatt Papier so, daß die Faltlinien überall den gleichen Abstand voneinander haben. Zeichne die Faltlinien grün nach.

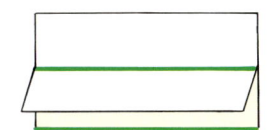

   Die Faltlinien sind **parallel** zueinander.

2. Prüfe mit dem Geodreieck, ob die Linien parallel zueinander sind.
   a)   b)   c)
   d)   e)   f)

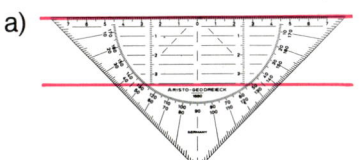

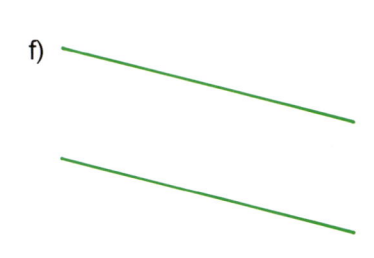

3. a) Zeige auf den Fotos Linien, die parallel zueinander sind.
   b) Prüfe, welche Gegenstände parallele Linien haben: Heft, Buch, Tischplatte, Blatt Papier.
   c) Suche andere Gegenstände, die parallele Linien haben.

4. Zeichne: a) eine Leiter   b) einen Lattenzaun   c) ein Streifenmuster   d) einen Bilderrahmen
   Verwende für Linien, die parallel zueinander sind, dieselbe Farbe.

5. Zeige an den Gegenständen Kanten, die parallel zueinander sind.

Rechter Winkel – parallele Linien

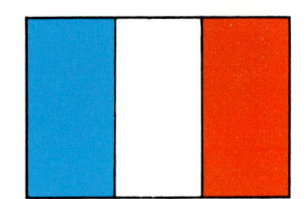

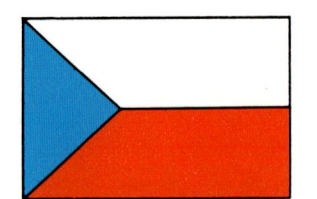

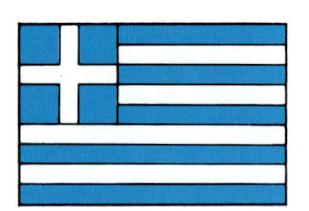

1. Zu welchen Ländern gehören die Fahnen? Beschreibe die Fahnen.

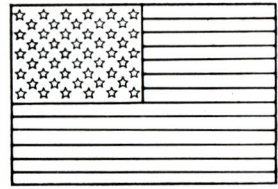

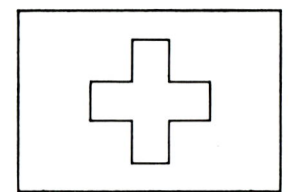

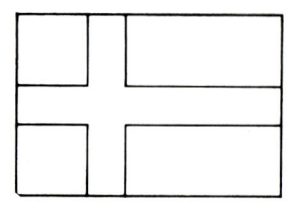

2.
a) Zu welchen Ländern gehören die Fahnen?
b) Zeichne die Fahnen ab und male sie aus.
c) Wie viele rechte Winkel und wie viele parallele Linien hat jede Fahne?

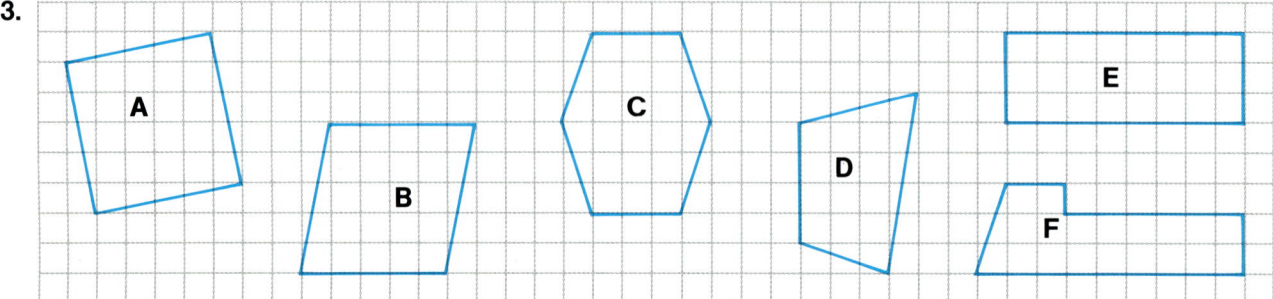

3.
a) Zeichne die Figuren ab. Zeichne die Linien, die parallel zueinander sind, mit derselben Farbe nach.
b) Wie viele rechte Winkel hat jede Figur?

4.
a) Übertrage die Punkte in das Heft. Verbinde sie mit dem Lineal so, daß eine Figur entsteht.
b) Zeichne zueinander parallele Linien mit derselben Farbe nach.
c) Wie viele rechte Winkel hat jede Figur?

5. Prüfe, ob die grünen Linien parallel zueinander sind.

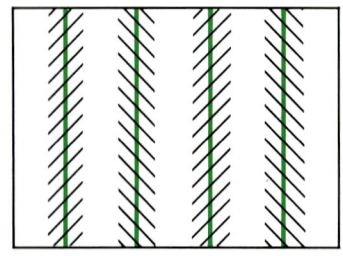

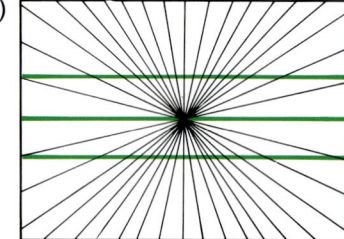

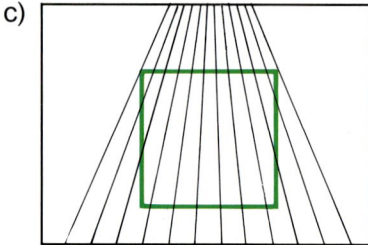

Schriftliches Dividieren

Bei einer Veranstaltung werden 6396 DM eingenommen. Das Geld soll gleichmäßig an drei Kinderheime verteilt werden.

6396 : 3 =

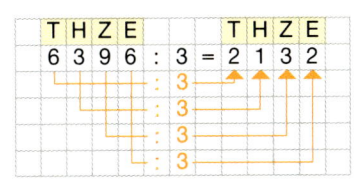

T H Z E	T H Z E
6 3 9 6 : 3 = 2 1 3 2	

Nacheinander werden die T, H, Z und E durch 3 dividiert.

Probe:
2132 · 3
6396

Jedes Kinderheim erhält 2 132 DM.

---

1. Bei einer Tombola wurden 2 684 DM eingenommen. Das Geld wurde gleichmäßig an zwei Jugendgruppen verteilt.

2.
a) 2484 : 2   b) 4888 : 4   c) 6633 : 3   d) 4222 : 2
   3963 : 3   3939 : 3   9669 : 3   4848 : 4
   8888 : 4   6228 : 2   2442 : 2   9339 : 3

1 212, 1 221, 1 222, 1 242, 1 313, 1 321, 1 342, 2 111, 2 211, 2 222, 3 113, 3 114, 3 223

a) 2 484 : 2 = 1 242

3.
a) 36 996 : 3   b) 62 224 : 2   c) 44 444 : 4   d) 93 333 : 3   e) 82 424 : 2
   6 426 : 2   88 444 : 4   9 693 : 3   ✱ 26 446 : 2   ✱ 2 626 : 2
   48 844 : 4   4 642 : 2   64 424 : 2   4 448 : 4   66 963 : 3

1 112, 1 313, 2 321, 3 213, 3 231, 11 111, 12 211, 12 332, 13 212, 13 223, 22 111, 22 321, 31 111, 31 112, 32 212, 41 212

4. Wie heißt die Zahl?
a) Wenn man eine Zahl mit 3 multipliziert, erhält man 3 693.
b) Wenn man eine Zahl mit 2 multipliziert, erhält man 4 824.
c) Wenn man eine Zahl mit 4 multipliziert, erhält man 8 488.
Addiert man die gesuchten Zahlen, so erhält man 5 765.

5. Wie heißt die Zahl?
✱ a) Wenn man eine Zahl mit 3 multipliziert und dann 664 addiert, erhält man 7 000.
b) Wenn man eine Zahl mit 2 multipliziert und dann 754 addiert, erhält man 9 000.
c) Wenn man eine Zahl mit 4 multipliziert und dann 884 subtrahiert, erhält man 4 000.
d) Wenn man eine Zahl mit 3 multipliziert und dann 969 subtrahiert, erhält man 6 000.
Addiert man die gesuchten Zahlen, so erhält man 9 779.

6. a) | 7751 | 16913 | 32323 | · | 2 | 7 | 4 | b) | 1812 | 24639 | 52104 | · | 6 | 9 | 8 |

✱ 15 502, 31 004, 33 826, 54 257, 64 646, 67 652, 85 648, 118 391, 129 292, 226 261

10 872, 14 496, 16 308, 147 834, 197 112, 221 751, 284 614, 312 624, 416 832, 468 936

7. Findest du die fehlenden Zeichen?
✱ a) 1 000 ◯ 10 = 100   b) 10 000 ◯ 2 = 5 000   c) 100 000 ◯ 5 = 500 000
   1 000 ◯ 10 = 1 010   10 000 ◯ 2 = 9 998   100 000 ◯ 5 = 100 005
   1 000 ◯ 10 = 990   10 000 ◯ 2 = 20 000   100 000 ◯ 5 = 20 000

8. Peter sagt zu Anke: „Wenn du meine zwei Zahlen miteinander multiplizierst, erhältst du 112.
✱ Wenn du die größere Zahl durch die kleinere dividierst, erhältst du 7."

Schriftliches Dividieren

Vier Arbeitskolleginnen haben im Lotto 9 672 DM gewonnen. Sie teilen den Gewinn.

9672 : 4 =

T	H	Z	E		T	H	Z	E
9	6	7	2	: 4 =	2	4	1	8
8								
1	6							
1	6							
		0	7					
			4					
		3	2					
		3	2					
			0					

9 T : 4 gleich 2 T, 1 T bleibt übrig
1 T + 6 H = 16 H
16 H : 4 gleich 4 H

7 Z : 4 gleich 1 Z, 3 Z bleiben übrig
3 Z + 2 E = 32 E

32 E : 4 gleich 8 E

Probe:
2418 · 4
9 672

Jede der vier Arbeitskolleginnen erhält 2 418 DM.

1. Wieviel Geld bekommt jeder?
Lege Spielgeld und verteile.
  a) Drei Freunde haben im Toto 768 DM gewonnen.
  b) Zwei Nachbarn haben im Lotto 7 652 DM gewonnen.
  c) Vier Arbeitskollegen haben in der Lotterie 9 076 gewonnen.
  d) Sechs Kolleginnen haben im Mittwochs-Lotto 834 DM gewonnen.
  e) Fünf Geschwister haben gemeinsam 8 365 DM geerbt.

a) 768 : 3 = 256
   6
   ‾
   16
   15
   ‾
   18
   18
   ‾
   0
Jeder bekommt 256 DM.

2. Sechs Studentinnen und zwei Studenten haben in den Semesterferien gearbeitet und dafür zusammen 9 960 DM erhalten. Wieviel ist das für jeden von ihnen?

3. a) 7869 : 3   b) 7284 : 4   c) 5555 : 5   d) 966 : 6   e) 7854 : 2   f) 896 : 7
       4371 : 3   952 : 4   845 : 5   7686 : 6   438 : 2   9681 : 7
       873 : 3   8484 : 4   6085 : 5   9672 : 6   9726 : 2   8764 : 7
128, 161, 169, 219, 238, 291, 1 111, 1 158, 1 217, 1 252, 1 281, 1 383, 1 457, 1 612, 1 821, 2 121, 2 623, 3 927, 4 863

4. a) 9332 : 4   b) 6585 : 5   c) 861 : 7   d) 9575 : 5   e) 2424 : 2   f) 5745 : 3
       639 : 3   426 : 2   9936 : 8   846 : 6   987 : 7   9219 : 7
       8547 : 7   7452 : 6   4884 : 4   6999 : 3   4848 : 4   738 : 6
123, 141, 213, 1 212, 1 221, 1 242, 1 317, 1 571, 1 915, 2 333.   Je zwei Aufgaben haben dasselbe Ergebnis.

Schriftliches Dividieren

Vier Familien kaufen ihren Kindern zusammen ein Islandpferd für 2756 DM.
Jede von ihnen zahlt gleich viel.

2756 : 4 =

```
T H Z E         T H Z E
2 7 5 6 : 4  =  6 8 9
2 4        :4
  3 5      :4
  3 2
    3 6    :4
    3 6
       0
```

2 **T** sind durch 4 nicht teilbar, deshalb 27 **H** durch 4

Probe:
689 · 4
‾‾‾‾‾
2756

Jede Familie zahlt 689 DM.

1. Multipliziere zur Probe.
- a) 13 468 : 7
  6 496 : 8
  37 572 : 6
- b) 2346 : 3
  23 696 : 4
  44 870 : 5
- c) 4626 : 9
  26 523 : 7
  3128 : 4
- d) 6468 : 7
  2945 : 5
  13 226 : 2
- e) 54 528 : 8
  1698 : 3
  34 083 : 9
- f) 47 004 : 6
  63 536 : 8
  5796 : 9

2.
- a) 6811 : 7
  35 595 : 5
  7308 : 4
- b) 47 502 : 9
  3507 : 3
  22 512 : 2
- c) 3640 : 8
  26 754 : 6
  36 995 : 7
- d) 51 128 : 4
  7056 : 9
  13 160 : 5
- e) 27 993 : 3
  32 585 : 7
  6111 : 9
- f) 5936 : 8
  1862 : 2
  43 554 : 6

Jedes Ergebnis ist ohne Rest durch 7 teilbar.

3. Wie viele Schachteln werden gebraucht?
- a) für 12 870 Eier
- b) für 24 795 Pralinen
- c) für 13 160 Käseecken
- d) für 18 930 Eier

4. > oder = oder <
- a) 4500 g ○ 4 kg
  4000 g ○ 4 kg
  490 g ○ 4 kg
- b) 1000 g ○ $\frac{1}{2}$ kg
  250 g ○ $\frac{1}{2}$ kg
  550 g ○ $\frac{1}{2}$ kg
- c) 250 g ○ $\frac{1}{4}$ kg
  4000 g ○ 40 kg
  4000 g ○ 4 kg
- d) 300 kg ○ 3 t
  6000 kg ○ 6 t
  5100 kg ○ 5 t
- e) 900 kg ○ $\frac{1}{2}$ t
  400 kg ○ $\frac{1}{4}$ t
  500 kg ○ $\frac{1}{2}$ t

Schriftliches Dividieren – Überschlagen

Durch-Aufgaben, bei denen das Ergebnis eine Null enthält.

Null im Inneren der Ergebniszahl

Überschlag:
9000 : 3 = 3000

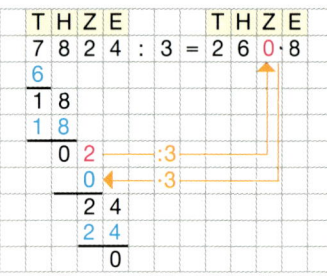

7824 : 3 = 260·8

Null an der letzten Stelle

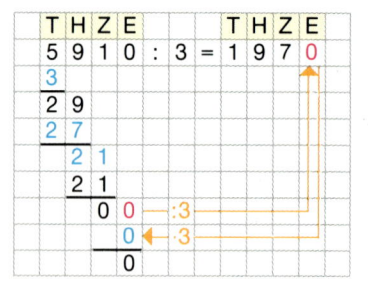

Überschlag:
6000 : 3 = 2000

5910 : 3 = 1970

---

1. 34230 : 7 =

Petra: 34230 : 7 = 489   Christina: 34230 : 7 = 4890   Ulf: 34230 : 7 = 4089

Wer hat die Aufgabe richtig gelöst? Prüfe zunächst durch Überschlagen.

2. Überschlage vorher.

a)	b)	c)	d)
7651 : 7	52263 : 9	4842 : 6	9288 : 3
16192 : 2	7264 : 8	45648 : 8	✦ 95830 : 7
8424 : 4	36480 : 3	39515 : 5	7281 : 9
16664 : 8	48156 : 6	63081 : 9	56420 : 7
9150 : 5	5280 : 4	7418 : 2	2432 : 4

608, 807, 809, 908, 1093, 1320, 1830, 2083, 2106, 3096, 3709, 4205, 5706, 5807, 7009, 7903, 8026, 8060, 8096, 12160, 13690

a) Ü. 7000 : 7 = 1000
7651 : 7 = 1093

3.
a) 86472 : 9   b) 40392 : 8   c) 45213 : 7   d) 3515 : 5   e) 81783 : 9   f) 73528 : 7
✦ 21228 : 4   5712 : 3   91440 : 8   60276 : 6   2541 : 3   9350 : 5

608, 703, 847, 1870, 1904, 5049, 5307, 6459, 9087, 9608, 10046, 10504, 11430

4. Zwei Aufgaben sind falsch gelöst. Prüfe durch Überschlagen und rechne richtig.

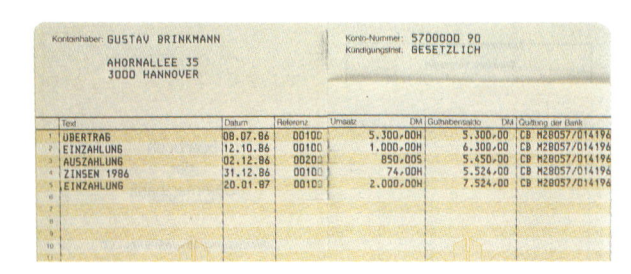

a) 4662 : 9 = 518   b) 8168 : 8 = 121   c) 4842 : 6 = 807   d) 7960 : 4 = 199

5. a) Opa Brinkmann schenkt seinen Enkelkindern Karin, Inga und Lars ein Sparbuch. Er möchte, daß jedes Kind den gleichen Betrag erhält.

b) Oma Balzer hat auf ihrem Sparbuch
✦ ein Guthaben von 16912,00 DM. Sie möchte die Hälfte des Betrages ihren sieben Enkeln schenken.

6. Schreiner Holz hat seinen vier Kindern 47520 DM hinterlassen. Im Testament steht, daß der älteste
✦ Sohn für die Anschaffung neuer Maschinen 16500 DM mehr erhalten soll als seine Geschwister.

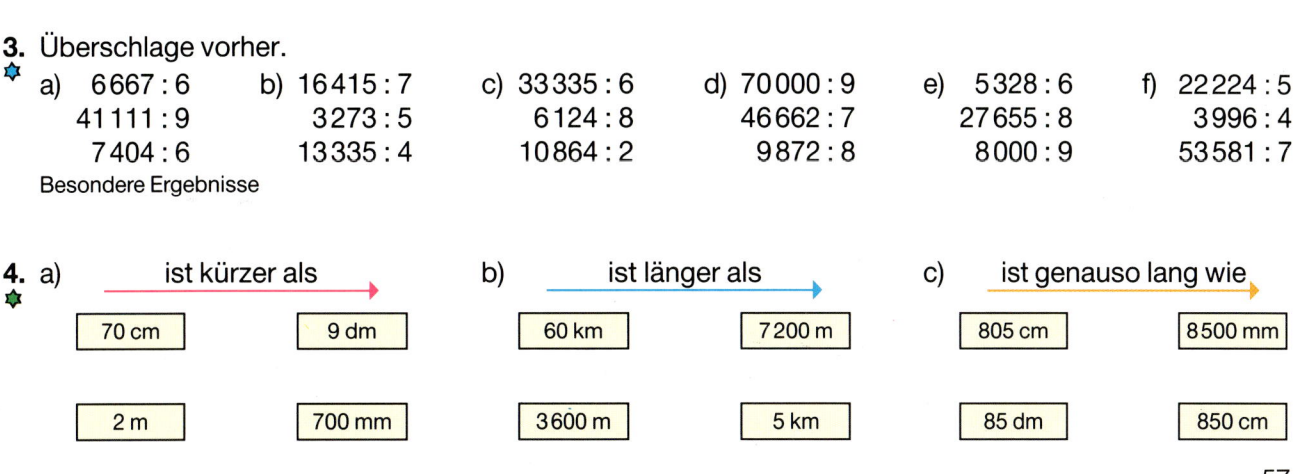

Schriftliches Dividieren mit Rest

Das Rote Kreuz bringt 4695 Decken in ein Erdbebengebiet. Die Decken sollen möglichst gleichmäßig an sechs Städte verteilt werden.

4695 : 6 =

Überschlag:
4800 : 6 = 800

```
4 6 9 5 : 6 = 7 8 2  Rest  3
4 2
    4 9
    4 8
      1 5
      1 2
        3
```

3 kann nicht mehr durch 6 dividiert werden. Deshalb notiert man diese Zahl als Rest.

Probe:
```
  782 · 6
  ─────
  4692
+    3
  ─────
  4695
```

Jede Stadt erhält 782 Decken. 3 Decken bleiben übrig.

1. Für die Opfer des Erdbebens wird auch Bekleidung gesammelt. Die Sammlung erbringt 786 Mäntel, 1032 Anzüge und 1837 Kleider. Die Kleidungsstücke sollen möglichst gleichmäßig an drei Städte verteilt werden.

2. Überschlage vorher. Mache auch die Probe.
   - a) 4310 : 3
     5475 : 9
     35396 : 7
   - b) 8627 : 6
     553 : 4
     35420 : 8
   - c) 8627 : 2
     52996 : 5
     26943 : 6
   - d) 9542 : 5
     78070 : 8
     42481 : 3
   - e) 13336 : 9
     8105 : 7
     7943 : 6
   - f) 6090 : 8
     18251 : 4
     75172 : 9

3. Überschlage vorher.
   - a) 6667 : 6
     41111 : 9
     7404 : 6
   - b) 16415 : 7
     3273 : 5
     13335 : 4
   - c) 33335 : 6
     6124 : 8
     10864 : 2
   - d) 70000 : 9
     46662 : 7
     9872 : 8
   - e) 5328 : 6
     27655 : 8
     8000 : 9
   - f) 22224 : 5
     3996 : 4
     53581 : 7

   Besondere Ergebnisse

4. a) ───ist kürzer als──▶

   | 70 cm | 9 dm |

   | 2 m | 700 mm |

   b) ───ist länger als──▶

   | 60 km | 7200 m |

   | 3600 m | 5 km |

   c) ───ist genauso lang wie──▶

   | 805 cm | 8500 mm |

   | 85 dm | 850 cm |

Schriftliches Dividieren von Kommazahlen

1. Es muß auch der Preis für 1 kg angegeben werden.

Rechne aus und vergleiche die Preise in beiden Geschäften.

Apfelsinen	12,48 DM = 1 248 Pf
Überschlag:	1 248 : 6 = 208
12 DM : 6 = 2 DM	208 Pf = 2,08 DM

1 kg Apfelsinen kostet bei Feinkost-Müller 2,08 DM.

2. Preise auf dem Wochenmarkt

| 5 kg Apfelsinen | 10,50 DM | 2 kg Äpfel | 3,90 DM | 5 kg Zwiebeln | 6,50 DM |
| 3 kg Mandarinen | 9,45 DM | 2 kg Birnen | 4,90 DM | 10 kg Kartoffeln | 5,60 DM |

Wieviel kostet hier 1 kg jeder Sorte? Wandle zum Rechnen in Pf um.

0,56 DM; 1,30 DM; 1,95 DM; 2,10 DM; 2,45 DM; 2,80 DM; 3,15 DM

3. Überschlage vorher.

a) 71,28 DM : 6   b) 29,36 DM : 4   c) 82,92 DM : 6   d) 54,53 DM : 7
   55,79 DM : 7   46,64 DM : 8   65,43 DM : 9   88,85 DM : 5
   90,54 DM : 9   37,72 DM : 2   59,34 DM : 3   40,08 DM : 8

5,01 DM; 5,83 DM; 7,27 DM; 7,34 DM; 7,79 DM; 7,97 DM; 10,06 DM; 11,36 DM; 11,88 DM; 13,82 DM; 17,77 DM; 18,86 DM; 19,78 DM

4. Textilhaus Schlüter zerschneidet Stoffreste für den Ausverkauf. Wie lang werden die einzelnen Stücke?
   a) Ein Rest Kleiderstoff von 22,75 m wird in 7 gleichlange Stücke geschnitten.
   b) Ein Rest Anzugstoff von 18,25 m wird in 5 gleichlange Stücke geschnitten.
   c) Ein Rest Mantelstoff von 15,60 m wird in 4 gleichlange Stücke geschnitten.

5. Überschlage vorher. Wandle zum Rechnen in Zentimeter um.

a) 26,32 m : 7   b) 71,85 m : 5   c) 63,92 m : 8   d) 50,08 m : 8
   42,92 m : 4   43,47 m : 3   58,50 m : 6   95,67 m : 9

3,76 m; 6,26 m; 7,99 m; 9,75 m; 10,63 m; 10,73 m; 12,85 m; 14,37 m; 14,49 m

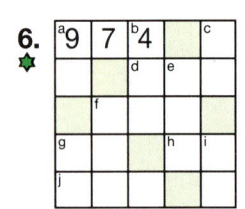

6.
Waagerecht:
a 26 weniger als 1 000
d Vierter Teil von 500
f Vielfaches von 111
g Vielfaches von 17
h Quadratzahl
j Kleinste dreistellige Zahl

Senkrecht:
a Größte zweistellige Zahl
b Doppeltes von 207
c Hälfte von 70
e 62 mehr als 180
f Hälfte einer Hunderterzahl
g Quadratzahl
i Achtfaches von 7

Sachaufgaben – Kaufen und Bezahlen

1. Ein Student und zwei Studentinen wollen sich zusammen einen Gebrauchtwagen kaufen. Die Anschaffungskosten sollen geteilt werden.
   a) Wie groß ist der Anteil für jeden, wenn sie sich für den roten Wagen entscheiden?
   b) Welchen Wagen können sie kaufen, wenn jeder höchstens 3000 DM ausgeben kann?

2. Frau Jensen kauft einen neuen Pkw. Sie zahlt 14350 DM an. Den Rest möchte sie in acht Monatsraten zu je 745 DM begleichen.
   a) Wieviel muß Frau Jensen noch zahlen?
   b) Wieviel kostet der von ihr gekaufte Pkw?

3. Frau Kürten und Herr Hansen kaufen sich den gleichen Pkw. Der Preis des Wagens beträgt 21385 DM.
   a) Frau Kürten zahlt bar. Deshalb gewährt ihr der Autohändler einen Nachlaß von 965 DM.
   b) Herr Hansen zahlt 14500 DM an. Nun muß er noch 9 Monatsraten zu je 795 DM zahlen.
   Was fällt dir auf?

4. Herr Koch hat bei Elektro-Heiner die Waschmaschine „Standard" gekauft. Dafür hat er 1235 DM bezahlt. 315 DM hat Herr Koch angezahlt, den Rest hat er in 8 Monatsraten beglichen.

5. Elektro-Heiner verkauft zwei Waschmaschinen des Typs „Super".
   a) Herr Klug zahlt bar. Ihm gewährt er 75 DM Nachlaß.
   b) Frau Hagner zahlt 400 DM an. Dann muß sie noch 6 Monatsraten zu je 189 DM zahlen.
   Vergleiche.

6. Zeichne ab und trage die fehlenden Zahlen ein.
   ✦ ☐ →·7→ ☐ →:5→ 2275 →·9→ ☐ →:7→ ☐

Sachaufgaben – Fernsehen

ARD-Programm
für Sonntag, 8. Februar

9.30 Programmvorschau	15.00 Eishockey-Bundesliga
10.00 Erinnerungen	17.15 Diese Woche im Ersten
10.15 Haben Sie schon einmal versucht, den Kölner Dom zu fotografieren?	17.20 ARD-Ratgeber: Recht
	18.00 Tagesschau
	18.05 Wir über uns
10.45 Die Sendung mit der Maus	18.10 Sportschau
	18.40 Lindenstraße
11.15 Cinderella '87	19.10 Weltspiegel
12.00 Der internationale Frühschoppen	20.00 Tagesschau
	20.15 Kramer Kray
12.45 Wochenspiegel	22.00 Tagesschau
13.15 Magazin der Woche	22.05 Schmutz ohne Grenzen
13.55 Der kleine Vampir	23.10 Zeugen des Jahrhunderts
14.20 Anthony und Joseph Paratore	23.55 Tagesschau

1. Zu welcher Zeit sehen die Kinder auf dem Bild fern?

2. Wie lange dauert die Sendung?
   a) Wochenspiegel
   b) Magazin der Woche
   c) Die Sendung mit der Maus
   d) Eishockey-Bundesliga
   e) Lindenstraße

a)	von 12.45 Uhr bis 13.15 Uhr	
	von 12.45 Uhr bis 13.00 Uhr	15 min
	von 13.00 Uhr bis 13.15 Uhr	15 min
	Dauer der Sendung	30 min

3. Bernd schaut sich die Sendungen „Die Sendung mit der Maus", „Magazin der Woche" und „Sportschau" an. Wie lange sieht er insgesamt fern?

4. Vater sagt zu Elke: „Du darfst heute eine Stunde fernsehen. Um 20.30 Uhr solltest du im Bett sein."
Aus welchen Sendungen kann Elke auswählen?

5. Bei Familie Berger ist der Fernseher am 8. Februar von 11.30 Uhr bis 12.45 Uhr und von 18.10 Uhr bis zum Ende des Lustspiels „Kramer Kray" eingeschaltet.

6. Mutter hat sich alle Sportsendungen angesehen. Wie lange hat sie ferngesehen?

$\frac{1}{4}$ Stunde 15 Minuten $\frac{1}{2}$ Stunde 30 Minuten $\frac{3}{4}$ Stunden 45 Minuten

7.

Stunden	1	$\frac{1}{2}$	$\frac{1}{4}$	$\frac{3}{4}$	$1\frac{1}{2}$	$2\frac{1}{4}$	$3\frac{1}{2}$	5					
Minuten	60								15	30	90	120	150	240

8. a) Welche Sendungen am 8. Februar haben genau $\frac{1}{2}$ Stunde gedauert?
   b) Welche Sendungen haben $\frac{1}{4}$ Stunde gedauert?
   c) Ursel hat sich eine Sendung angesehen, die $\frac{3}{4}$ Stunden lang war.

Sachaufgaben – Fahrplan

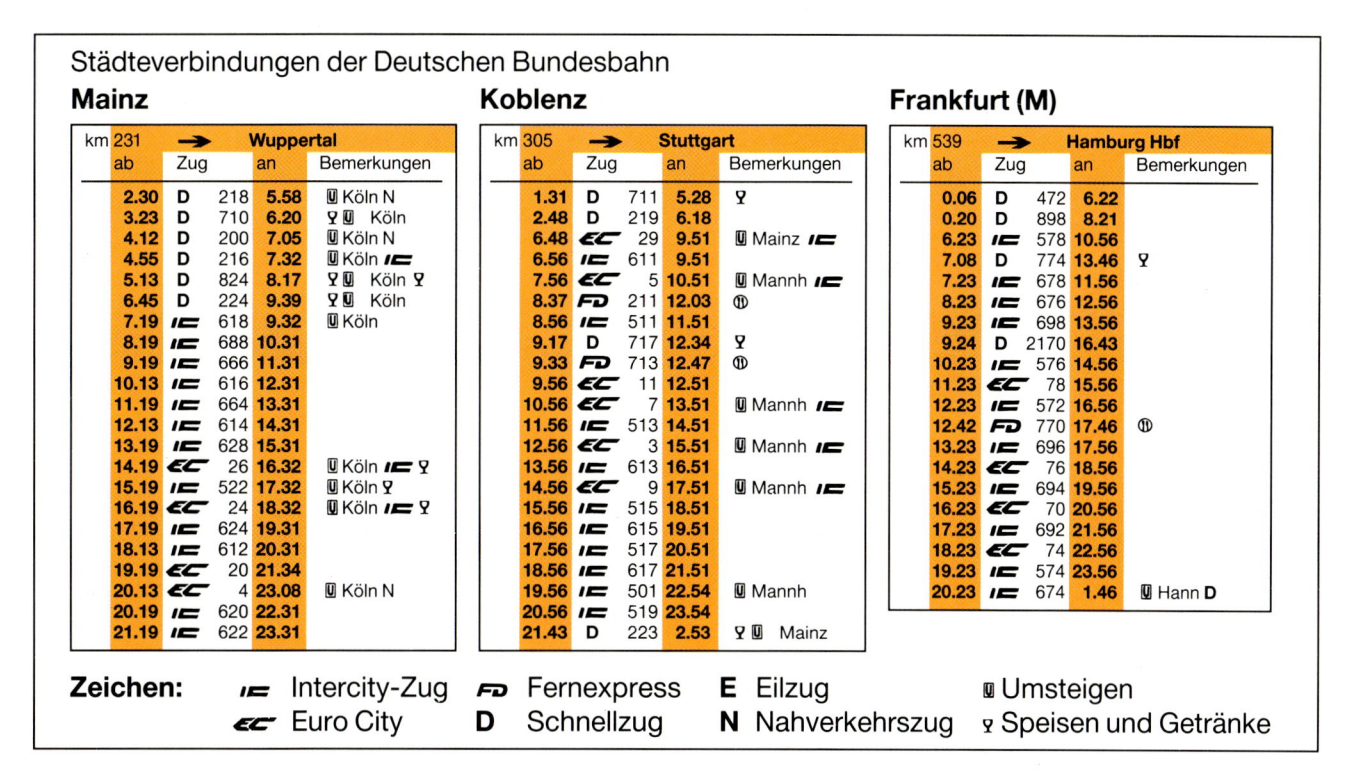

Städteverbindungen der Deutschen Bundesbahn

Mainz km 231 → Wuppertal

ab	Zug		an	Bemerkungen
2.30	D	218	5.58	Köln N
3.23	D	710	6.20	♀ Köln
4.12	D	200	7.05	Köln N
4.55	D	216	7.32	Köln IC
5.13	D	824	8.17	♀ Köln ♀
6.45	D	224	9.39	♀ Köln
7.19	IC	618	9.32	Köln
8.19	IC	688	10.31	
9.19	IC	666	11.31	
10.13	IC	616	12.31	
11.19	IC	664	13.31	
12.13	IC	614	14.31	
13.19	IC	628	15.31	
14.19	EC	26	16.32	Köln IC ♀
15.19	IC	522	17.32	Köln ♀
16.19	EC	24	18.32	Köln IC ♀
17.19	IC	624	19.31	
18.13	IC	612	20.31	
19.19	EC	20	21.34	
20.13	EC	4	23.08	Köln N
20.19	IC	620	22.31	
21.19	IC	622	23.31	

Koblenz km 305 → Stuttgart

ab	Zug		an	Bemerkungen
1.31	D	711	5.28	♀
2.48	D	219	6.18	
6.48	EC	29	9.51	Mainz IC
6.56	IC	611	9.51	
7.56	EC	5	10.51	Mannh IC
8.37	FD	211	12.03	⊕
8.56	IC	511	11.51	
9.17	D	717	12.34	♀
9.33	FD	713	12.47	⊕
9.56	EC	11	12.51	
10.56	EC	7	13.51	Mannh IC
11.56	IC	513	14.51	
12.56	EC	3	15.51	Mannh IC
13.56	IC	613	16.51	
14.56	EC	9	17.51	Mannh IC
15.56	IC	515	18.51	
16.56	IC	615	19.51	
17.56	IC	517	20.51	
18.56	IC	617	21.51	
19.56	IC	501	22.54	Mannh
20.56	IC	519	23.54	
21.43	D	223	2.53	♀ Mainz

Frankfurt (M) km 539 → Hamburg Hbf

ab	Zug		an	Bemerkungen
0.06	D	472	6.22	
0.20	D	898	8.21	
6.23	IC	578	10.56	♀
7.08	D	774	13.46	♀
7.23	IC	678	11.56	
8.23	IC	676	12.56	
9.23	IC	698	13.56	
9.24	D	2170	16.43	
10.23	IC	576	14.56	
11.23	EC	78	15.56	
12.23	IC	572	16.56	
12.42	FD	770	17.46	⊕
13.23	IC	696	17.56	
14.23	EC	76	18.56	
15.23	IC	694	19.56	
16.23	IC	70	20.56	
17.23	IC	692	21.56	
18.23	EC	74	22.56	
19.23	IC	574	23.56	
20.23	IC	674	1.46	Hann D

Zeichen: IC Intercity-Zug FD Fernexpress E Eilzug Umsteigen
EC Euro City D Schnellzug N Nahverkehrszug ♀ Speisen und Getränke

---

1. Erzähle – frage – rechne – antworte.

2. Mit welchen Zügen kannst du vormittags von Mainz nach Wuppertal fahren? Schreibe jeweils die Zugnummer, die Abfahrtszeit und die Ankunftszeit auf. Rechne die Fahrzeit aus.

D 218 Abfahrt 2.30 Uhr	Ankunft 5.28 Uhr
von 2.30 Uhr bis 3.00 Uhr	30 min
von 3.00 Uhr bis 5.58 Uhr	2 h 58 min
Fahrzeit	3 h 28 min

3. Wann kommen die Reisenden mit dem Zug aus Mainz in Wuppertal an? Wie lange ist jeder Reisende unterwegs?
  a) Frau Biermer fährt um 6.45 Uhr ab.
  b) Frau Steffen fährt um 15.19 Uhr ab.
  c) Herr Günther fährt mit dem IC 616.
  d) Frau Lange fährt mit dem D 216.

4. Wann sind die Reisenden in Koblenz abgefahren? Wie lange war jeder Reisende unterwegs?
  a) Herr Frühauf kommt um 6.18 Uhr in Stuttgart an.
  b) Frau Röll kommt um 20.51 Uhr in Stuttgart an.
  c) Herr Dietz fuhr mit dem D 717 nach Stuttgart.
  d) Frau Suhr fuhr mit dem IC 613 nach Stuttgart.

5. Mit welchen Zügen kannst du zwischen 12.00 Uhr und 17.00 Uhr von Frankfurt nach Hamburg fahren?
✦ Schreibe die Zugnummer, die Abfahrtszeit, die Ankunftszeit und die Fahrzeit auf. Vergleiche die Fahrzeiten.

6. Frau Trebing aus Frankfurt muß um 14.00 Uhr in Hamburg sein. Welcher ist der späteste Zug, den sie nehmen kann? Wie lange wäre sie mit diesem Zug unterwegs?

7. a) 4907   63817   88888   ·   6   8   2
9814, 29 442, 39 256, 127 634, 177 776,
186 242, 382 902, 510 536, 533 328, 711 104

b) 3528   46 872   84 168   :   4   6   9
392, 588, 882, 5208, 6304, 7812,
9352, 11 718, 14 028, 21 042

Jahr – Monat – Woche – Tag

1989 Januar 9 Montag   **1989 Februar 15 Mittwoch**   **1989 Februar 24 Freitag**   **1989 Oktober 28 Samstag**   **1989 Dezember 31 Sonntag**

1. Wieviel Monate und Tage liegen zwischen den einzelnen Kalendertagen?

2. Wieviel Tage dauert der Urlaub?

Erster Urlaubstag	15. Februar	12. Mai	7. Juni	21. Juni	4. August	19. September	11. November
Letzter Urlaubstag	24. Februar	20. Mai	27. Juni	10. Juli	31. August	5. Oktober	2. Dezember
Dauer	10 Tage						

> **1 Jahr hat 12 Monate.**   **1 Jahr hat ungefähr 52 Wochen.**   **1 Jahr hat 365 Tage.**

3. Schreibe die Monate der Reihe nach auf.
  a) 1. Vierteljahr
  b) 2. Vierteljahr
  c) 3. Vierteljahr
  d) 4. Vierteljahr

4. Wieviel Monate sind es?
  a) 1 Jahr
  b) $\frac{1}{2}$ Jahr
  c) $\frac{1}{4}$ Jahr
  d) $\frac{3}{4}$ Jahr
  e) 4 Jahre
  f) 6 Jahre
  g) $1\frac{1}{2}$ Jahre
  h) $3\frac{1}{4}$ Jahre
  i) $2\frac{1}{2}$ Jahre

5. Wieviel Jahre und Monate sind die Kinder alt?
  a) Ute 14 Monate
  b) Mario 17 Monate
  c) Ali 20 Monate
  e) Sascha 24 Monate
  f) Uwe 30 Monate
  g) Eva 36 Monate

6. Marios Bruder ist $2\frac{1}{4}$ Jahre alt. Moni sagt: „Meine Schwester ist älter. Sie ist schon 26 Monate alt."

Kalender 1989

	Januar	Februar	März
Mo	2 9 16 23 30	6 13 20 27	6 13 20 27
Di	3 10 17 24 31	7 14 21 28	7 14 21 28
Mi	4 11 18 25	1 8 15 22	1 8 15 22 29
Do	5 12 19 26	2 9 16 23	2 9 16 23 30
Fr	6 13 20 27	3 10 17 24	3 10 17 24 31
Sa	7 14 21 28	4 11 18 25	4 11 18 25
So	1 8 15 22 29	5 12 19 26	5 12 19 26
	April	**Mai**	**Juni**
Mo	3 10 17 24	1 8 15 22 29	5 12 19 26
Di	4 11 18 25	2 9 16 23 30	6 13 20 27
Mi	5 12 19 26	3 10 17 24 31	7 14 21 28
Do	6 13 20 27	4 11 18 25	1 8 15 22 29
Fr	7 14 21 28	5 12 19 26	2 9 16 23 30
Sa	1 8 15 22 29	6 13 20 27	3 10 17 24
So	2 9 16 23 30	7 14 21 28	4 11 18 25
	Juli	**August**	**September**
Mo	3 10 17 24 31	7 14 21 28	4 11 18 25
Di	4 11 18 25	1 8 15 22 29	5 12 19 26
Mi	5 12 19 26	2 9 16 23 30	6 13 20 27
Do	6 13 20 27	3 10 17 24 31	7 14 21 28
Fr	7 14 21 28	4 11 18 25	1 8 15 22 29
Sa	1 8 15 22 29	5 12 19 26	2 9 16 23 30
So	2 9 16 23 30	6 13 20 27	3 10 17 24
	Oktober	**November**	**Dezember**
Mo	2 9 16 23 30	6 13 20 27	4 11 18 25
Di	3 10 17 24 31	7 14 21 28	5 12 19 26
Mi	4 11 18 25	1 8 15 22 29	6 13 20 27
Do	5 12 19 26	2 9 16 23 30	7 14 21 28
Fr	6 13 20 27	3 10 17 24	1 8 15 22 29
Sa	7 14 21 28	4 11 18 25	2 9 16 23 30
So	1 8 15 22 29	5 12 19 26	3 10 17 24 31

7. 1 Woche hat 7 Tage. Wie viele Tage sind es?
  a) 13 Wochen
      5 Wochen
      8 Wochen
      12 Wochen
  b) 3 Wochen 5 Tage
      7 Wochen 2 Tage
      10 Wochen 1 Tag
      11 Wochen 3 Tage

> a) 13 Wochen = 91 Tage

8. Wieviel Wochen und Tage sind es?
  a) 26 Tage
      17 Tage
      35 Tage
      8 Tage
  b) 14 Tage
      31 Tage
      4 Tage
      80 Tage
  c) 28 Tage
      6 Tage
      43 Tage
      100 Tage

> a) 26 Tage = 3 Wochen 5 Tage

9. Der Baubeginn für Schneiders Haus war am 15. März. Der Rohbau soll nach 8 Wochen fertig sein. Für den Innenausbau rechnet man 13 Wochen. Wann können Schneiders voraussichtlich einziehen?

Sachaufgaben – Zeitspannen

Schulferien 1989/90	Angegeben sind immer der erste und der letzte Ferientag.				
	Sommerferien	Herbstferien	Weihnachtsferien	Osterferien	Pfingstferien
Hessen	17.7. bis 26.8.	16.10. bis 28.10.	23.12. bis 13.1.	2.4. bis 20.4.	5.6.
Nordrhein-Westfalen	22.6. bis 5.8.	9.10. bis 14.10.	22.12. bis 6.1.	2.4. bis 21.4.	–
Rheinland-Pfalz	29.6. bis 9.8.	16.10. bis 20.10.	23.12. bis 11.1.	2.4. bis 20.4.	5.6.

1. Rechne mit Hilfe eines Kalenders.
  a) Wieviel Tage dauern die einzelnen Ferien in jedem Bundesland?
  b) Wieviel Tage dauern die Ferien in jedem Bundesland insgesamt?

> a) Sommerferien in Hessen
>   17.7. bis 31.7.   15 Tage
>   1.8. bis 26.8.   26 Tage
>   zusammen   41 Tage

2. An welchen Tagen sind in Hessen und in Rheinland-Pfalz zugleich Sommerferien? An welchen Tagen sind zugleich Weihnachtsferien?

3. Geburtstage von Kindern

| Florian | 5.6.1985 | Norbert | 31.12.1979 | Ulf | 15.6.1988 | Peter | 10.4.1983 |
| Fatima | 10.4.1982 | Karin | 7.7.1984 | Sonja | 21.5.1982 | Ina | 6.6.1985 |

  a) Wieviel Jahre, Monate und Tage alt sind die Kinder heute?
  b) Zeichne ein Pfeilbild für die Mädchen nach der Vorschrift „ist älter als".
  c) Zeichne ein Pfeilbild für die Jungen nach der Vorschrift „ist jünger als".

4. Gründungsjahre einiger Städte

| Wolfsburg | 1937 | Landau | 1268 | Frankfurt | 794 | Trier | 15 v. Chr. |
| Karlsruhe | 1715 | Neuwied | 1653 | London | 40 | Rom | 753 v. Chr. |

Wie alt sind die Städte jetzt? – Wie alt ist dein Heimatort?

5. 1 Tag hat 24 Stunden. Wieviel Stunden sind es?
  a) 2 Tage
     3 Tage
     ½ Tag
     1½ Tage
     5 Tage
  b) 4 Tage 3 Stunden
     1 Tag 11 Stunden
     2 Tage 6 Stunden
     3 Tage 5 Stunden
     10 Tage 10 Stunden

6. Wieviel Tage und Stunden sind es?
  a) 24 Stunden
     48 Stunden
     72 Stunden
     96 Stunden
     120 Stunden
  b) 12 Stunden
     36 Stunden
     50 Stunden
     80 Stunden
     130 Stunden

7. Ein Ausflug der Familie Ziegler

10. Juli	8.20 Uhr	Abfahrt in Koblenz
10. Juli	14.15 Uhr	Ankunft in Brüssel
11. Juli	9.45 Uhr	Abfahrt in Brüssel
11. Juli	12.30 Uhr	Ankunft auf dem Campingplatz
15. Juli	9.30 Uhr	Abfahrt vom Campingplatz
15. Juli	16.10 Uhr	Ankunft in Koblenz

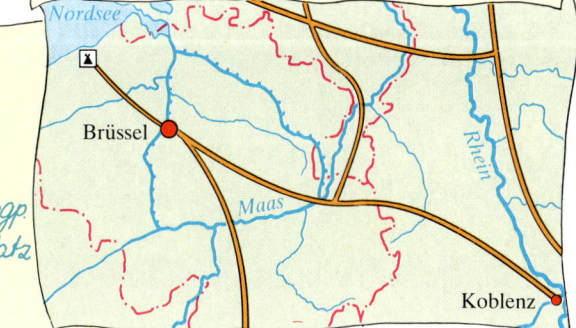

  a) Wie lange dauerte die Fahrt von Koblenz nach Brüssel?
  b) Wie lange war Familie Ziegler in Brüssel?
  c) Wie lange war Familie Ziegler auf dem Campingplatz?
  d) Wie lange dauerte die Rückfahrt?

Schriftliches Multiplizieren mit einer Zehnerzahl (Hunderterzahl)

Wasserverbrauch durchschnittlich 30 l

Wasserverbrauch durchschnittlich 80 l

> Julia duscht jeden Tag. Wieviel Liter Wasser verbraucht sie in einem Jahr?
> **365 · 30 =**   Überschlag: 400 · 30 = 12 000
>
> Rechne: 365 · 3 · 10   In zwei Schritten   **Schriftliches Multiplizieren**
>
> 365 · 3   1095 · 10   365 · 30
> 1095   10950   10950
>
> Julia verbraucht im Jahr 10 950 l Wasser.

1. Wieviel Wasser würde Julias Mutter im Jahr verbrauchen, wenn sie täglich baden würde?

2. Julias Vater und ihre beiden Brüder baden jede Woche zweimal.
   a) Wieviel Liter Wasser verbrauchen sie in einem Jahr? Das Jahr hat 52 Wochen.
   b) Wieviel Liter könnten sie sparen, wenn sie duschen würden?

3. Überschlage vorher.
   a) 7656 · 50   b) 321 · 90   c) 4785 · 70   d) 2703 · 40   13 160, 19 740, 28 890, 47 520,
       329 · 40   1742 · 80   3780 · 80   ✶ 528 · 90   108 120, 139 360, 243 270,
      4410 · 60   8109 · 30   658 · 30   8214 · 70   264 600, 302 400, 334 950,
                                                                                  382 800, 425 270, 574 980

> In den HANO-Werken fallen am Tag 600 kg Müll an. Im Jahr wird dort an 245 Tagen gearbeitet.
>
> **245 · 600 =**
>
> Überschlag: 200 · 600 = 120 000
>
> Rechne: 245 · 6 · 100   245 · 600
>   147000
>
> Im Jahr fallen 147 000 kg Müll an.

4. a) 234 · 600   b) 870 · 500   c) 857 · 800   d) 1473 · 600   140 400, 264 300, 326 400,
       816 · 400   3160 · 300   2314 · 200   ✶ 608 · 900   435 000, 462 800, 547 200,
                                                                                       685 600, 883 800, 948 000

Schriftliches Multiplizieren mit einer zweistelligen Zahl

Christians Mutter wäscht zweimal in der Woche. Für jede Wäsche braucht sie 2½ Meßbecher Waschpulver.
Wieviel Waschpulver verbraucht sie im Jahr?

In einer Woche verbraucht sie 625 g Waschpulver.

625 · 52 =

Überschlag: 600 · 50 = 30 000

```
6 2 5 · 5 2
  3 1 2 5 0   ← 625 · 50
      1 2 5 0 ← 625 · 2
  3 2 5 0 0
```

Im Jahr verbraucht sie 32 500 g Waschpulver.

1. Olafs Eltern waschen dreimal in der Woche. Für jede Wäsche brauchen sie 2 Meßbecher Waschpulver. Wieviel Waschpulver verbrauchen sie in einem Jahr?

2. Überschlage vorher.
   a) 504 · 56   b) 1 480 · 84   c) 882 · 72   d) 8 756 · 84   e) 5 765 · 36
      365 · 24   2 536 · 98   938 · 56   6 540 · 51   9 576 · 70
      664 · 43   7 917 · 32   429 · 91   2 448 · 63   4 507 · 67

   8 760, 28 224, 28 552, 39 039, 52 528, 57 254, 63 504, 124 320, 154 224, 207 540, 248 528, 253 344, 301 969, 333 540, 670 320, 735 504

364 · 45 =

Marko überschlägt: 400 · 50 = 20 000
Sandra überschlägt: 300 · 40 = 12 000
Anne überschlägt: 400 · 40 = 16 000

Lars rechnet:
```
3 6 4 · 4 5
  1 4 5 6 0
      1 8 2 0
  1 6 3 8 0
```

Vergleiche die Überschläge mit der Rechnung. Wessen Überschlag ist am genauesten?

3. Welcher Überschlag ist am genauesten?
   a) 315 · 47 | 300 · 40 | 300 · 50 | 400 · 50
   b) 655 · 34 | 600 · 30 | 600 · 40 | 700 · 40
   c) 478 · 62 | 400 · 60 | 400 · 70 | 500 · 70
   d) 498 · 49 | 400 · 40 | 400 · 50 | 500 · 50
   e) 247 · 68 | 200 · 60 | 200 · 70 | 300 · 70
   f) 452 · 61 | 700 · 60 | 700 · 70 | 800 · 70

4.
   a) 512 · 19   b) 2 794 · 42   c) 309 · 64   d) 853 · 27   e) 3 859 · 83
        5 1 2 0   1 0 8 7 6 0   1 8 5 4 0   1 7 0 6 0   3 0 8 7 2 0
        4 6 0 8   5 5 8 8   1 2 3 6   5 9 7 1   1 1 5 7 7
        9 7 2 8   1 1 4 3 4 8   1 9 7 7 6   2 2 0 3 1   3 1 9 2 9 7

Drei Aufgaben sind falsch gelöst. Prüfe nach und rechne richtig.

5. a) 3528 | 46872 | 84168 : 4 | 6 | 9

   392, 588, 882, 1 848, 5 208, 7 812, 9 352, 11 718, 14 028, 21 042

   b) 5544 | 72576 | 92232 : 3 | 8 | 7

   693, 792, 1 848, 9 072, 10 128, 10 368, 11 529, 13 176, 24 192, 30 744

Schriftliches Multiplizieren mit einer dreistelligen Zahl – Tauschaufgaben

Ein Schulbus der Firma Jensen fährt täglich 237 km.
Er wird an 194 Schultagen im Jahr eingesetzt.

Überschlag:
200 · 200 = 40 000

Aufgabe
```
  2 3 7 · 1 9 4
    2 3 7 0 0    ← 237 · 100
    2 1 3 3 0    ← 237 ·  90
        9 4 8    ← 237 ·   4
    4 5 9 7 8
```

Probe (Tauschaufgabe)
```
  1 9 4 · 2 3 7
    3 8 8 0 0    ← 194 · 200
      5 8 2 0    ← 194 ·  30
      1 3 5 8    ← 194 ·   7
    4 5 9 7 8
```

Der Schulbus fährt im Jahr 45 978 km.

1. Wieviel Kilometer fahren die Busse in einem Jahr?
   a) Ein Schulbus der Firma Weber fährt in einem Schuljahr an 217 Tagen. Täglich fährt er 183 km.
   b) Ein Bus der Deutschen Bundesbahn fährt an 6 Tagen in der Woche. Täglich fährt er 209 km.

2. Rechne zur Probe die Tauschaufgabe.
   a) 576 · 496   b) 792 · 288   c) 783 · 132   d) 851 · 452   e) 361 · 257
      418 · 264   609 · 331   230 · 546   ✱ 596 · 127   ✱ 980 · 148
      347 · 197   867 · 296   837 · 621   388 · 216   676 · 232

3. a) 837 · 456   b) 3616 · 245   c) 713 · 744
         648 · 389   558 · 512   1230 · 567
        1316 · 756   837 · 660   3007 · 316

   252 072, 285 696, 381 672, 530 472, 552 420,
   618 920, 697 410, 885 920, 950 212, 994 896

4. a) [752] [1263] [2184] ● [234] [376] [159]   b) [1495] [617] [1374] ● [449] [588] [281]

   119 568, 175 968, 200 817, 282 752, 295 542, 347 256,   173 377, 277 033, 362 796, 386 094, 420 095, 616 926,
   357 528, 474 888, 511 056, 821 184   645 374, 671 255, 807 912, 879 060

5. So weit wohnen die Kinder in Speyer von der Schule entfernt:

   Karina 840 m   Andrea 235 m   Bernd 825 m   Stefan 675 m
   Anke   700 m   Sabine 1420 m   Olaf   165 m   Heiko   500 m

   Die Kinder gehen in einem Jahr an 217 Tagen zur Schule.
   Wieviel Kilometer Schulweg hat jedes Kind im Jahr?

6. Drei Aufgaben sind falsch gelöst. Prüfe nach und rechne richtig.

```
a) 263 · 54      b) 802 · 734     c) 756 · 483     d) 216 · 325     e) 533 · 487
    1 3150          561400            302400            6 4800           213200
      1042           24060             6048              432             42640
      1419 2          3208             2268             1080              3731
     58 8668        588668           365048            66312            259571
```

7. Vervollständige die Aufgaben.
   a) 263 · 54   b) 456 · 79   c) 9_3 · 2_   d) 6_4 · _8   e) _73 · 9_   f) 7_8 · 63
       3150   31 20   80 0   920   51 70   3680
        052   104   5 8   5 1   011   8
        420   602   47   5   55   45 4

8. Vater sagt zu Nadine: „Wenn ich meine Zahl durch 341 teile, erhalte ich 341."

Schriftliches Multiplizieren

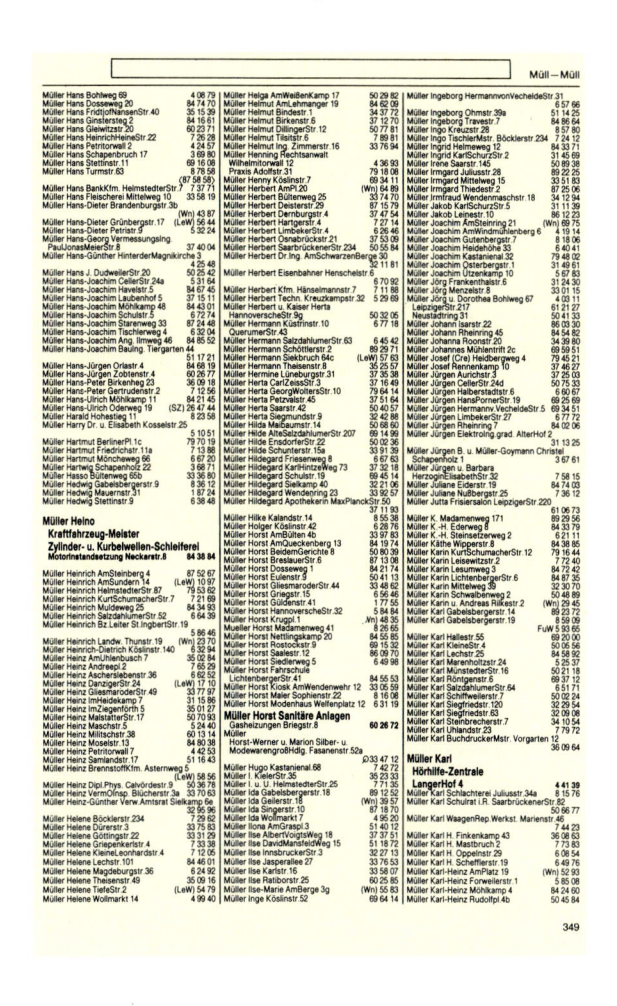

1. Schlage in eurem Telefonbuch nach.
   a) Wie oft steht dein Familienname in eurem Ortsverzeichnis?
   b) Wie oft kommt der Name Müller darin vor?
   c) Wie viele Fernsprechteilnehmer sind auf einer Seite verzeichnet?

2. In Berlin, Frankfurt und Hamburg hat jede Seite des Telefonbuchs 4 Spalten. In einer Spalte stehen durchschnittlich 95 Namen. Wie viele Fernsprechteilnehmer haben die Städte ungefähr?
   a) Das Telefonbuch von Berlin hat 2 658 Seiten.
   b) Das Telefonbuch von Frankfurt hat 1 031 Seiten.
   c) Das Telefonbuch von Hamburg hat 2 376 Seiten.

3. Etwa wie viele Fernsprechteilnehmer heißen Müller, Schäfer, Schmidt?

	Müller	Schäfer	Schmidt
Berlin	82 Spalten	16 Spalten	79 Spalten
Frankfurt	25 Spalten	13 Spalten	21 Spalten
Hamburg	61 Spalten	9 Spalten	74 Spalten

4. Löse die Aufgaben. Achte auf die Nullen.
   a) 765 · 605
   b) 3274 · 209
   c) 921 · 460
   d) 2418 · 330

   Kannst du hier Schreibarbeit sparen?

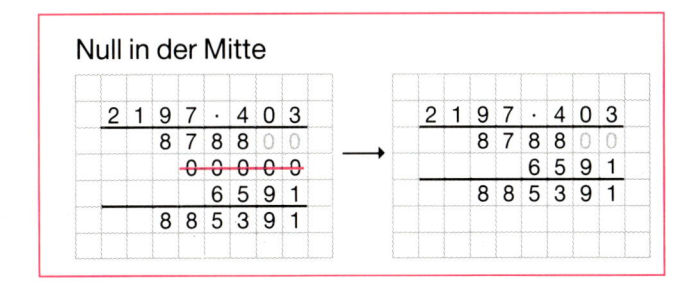

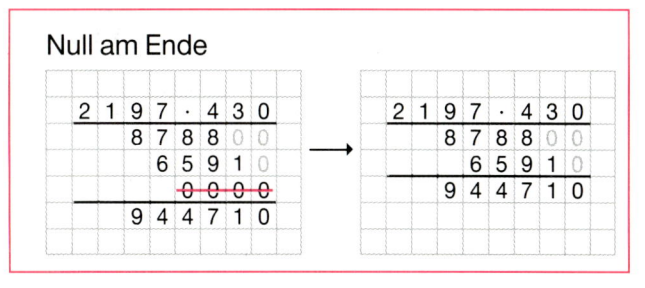

Null in der Mitte

```
2197 · 403          2197 · 403
8788 0 0            8788 0 0
0 0 0 0      →         6591
   6591             885391
885391
```

Null am Ende

```
2197 · 430          2197 · 430
8788 0 0            8788 0 0
6591 0              6591 0
0 0 0 0      →      944710
944710
```

5. Überschlage vorher.
   a) 596 · 203
      2458 · 360
      532 · 708
   b) 1432 · 660
      243 · 840
      1029 · 927
   c) 798 · 506
      3087 · 290
      902 · 352
   d) 1308 · 764
      ★ 972 · 690
      1649 · 421
   e) 694 · 409
      ★ 5388 · 170
      841 · 913

   120 988, 204 120, 283 846, 317 504, 376 656, 386 718, 403 788, 670 680, 694 229, 767 833, 884 880, 895 230, 915 960, 945 120, 953 883, 999 312

6. Wieviel Tonnen und Kilogramm sind es?
   a) 17 t
      12 t
      39 t
   b) 4 t 800 kg
      7 t 60 kg
      6 t 9 kg
   c) 11 t 420 kg
      18 t 6 kg
      24 t 72 kg
   d) $\frac{1}{2}$ t
      $\frac{3}{4}$ t
      $\frac{1}{4}$ t
   e) $2\frac{1}{2}$ t
      $8\frac{1}{4}$ t
      $7\frac{3}{4}$ t
   f) $10\frac{1}{4}$ t
      $15\frac{3}{4}$ t
      $22\frac{1}{2}$ t

Schriftliches Multiplizieren von Kommazahlen

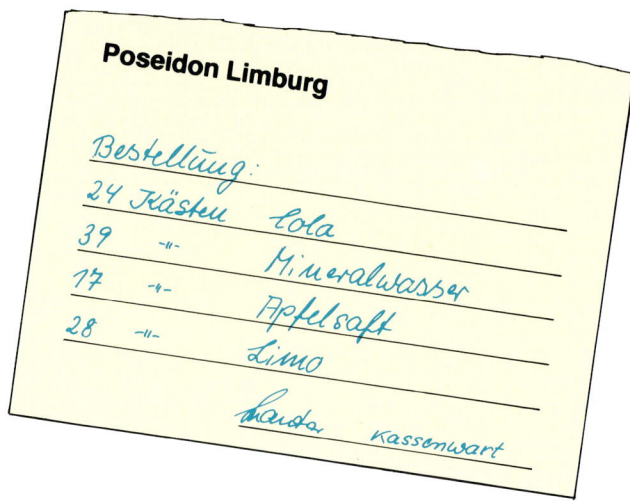

Poseidon Limburg

Bestellung:
24 Kästen Cola
39 -"- Mineralwasser
17 -"- Apfelsaft
28 -"- Limo

Sanda   Kassenwart

1. Erzähle – frage – rechne – antworte.

2. Wieviel DM müssen bezahlt werden?
a) Das Kinderheim an der Nordanlage kauft 12 Kästen Limo.
   12 Kästen mit leeren Flaschen werden zurückgegeben.
b) Das Sportheim am Neuen Tor kauft 5 Kästen Limo.
   15 Kästen Cola und 9 Kästen Mineralwasser.
   29 Kästen mit leeren Flaschen werden zurückgegeben.
c) Das Freizeit-Center am Markt kauft 14 Kästen
   Apfelsaft, 17 Kästen Cola und 10 Kästen Mineralwasser.
   36 Kasten mit leeren Flaschen werden zurückgegeben.

a) 9,45 DM = 945 Pf
$$\begin{array}{r} 945 \cdot 12 \\ \hline 9450 \\ 1890 \\ \hline 11340 \end{array}$$
11340 Pf = 113,40 DM

Das Kinderheim muß 113,40 DM bezahlen.

3. Überschlage vorher.

a) 7,84 DM · 78	b) 42,96 DM · 77	c) 5,51 DM · 86	d) 22,76 DM · 56
64,35 DM · 21	6,72 DM · 91	75,69 DM · 40	35,60 DM · 45
40,44 DM · 63	78,76 DM · 42	67,28 DM · 45	17,80 DM · 90
8,17 DM · 58	34,65 DM · 39	90,99 DM · 28	45,52 DM · 28

473,86 DM; 611,52 DM; 1 274,56 DM; 1 351,35 DM; 1 602,00 DM; 2 317,68 DM; 2 547,72 DM; 3 027,60 DM; 3 307,92 DM.
Je zwei Aufgaben haben dasselbe Ergebnis.

4. Herr Friedrich möchte das Wohnzimmer tapezieren. Das Zimmer ist 2,45 m hoch.
Er benötigt 34 Bahnen Tapete. Wieviel Meter Tapete muß er einkaufen?

5. Herr und Frau Kalheber möchten den Flur tapezieren. Er ist 2,50 m hoch.
Sie benötigen 27 Bahnen Tapete. Wie viele Rollen müssen sie kaufen,
wenn auf einer Rolle 10 m sind?

6. Multipliziere jede Zahl im gelben Feld mit jeder Zahl im braunen Feld.

819	33	12 672	52 416	153 024	569 936
384	64	24 576	78 903	154 368	575 664
1432	402	27 027	91 648	325 962	951 618
2391	398	47 256	152 832	329 238	961 182

Sachaufgaben

1. Eine Übernachtung in der Jugendherberge Neustadt kostet für Jugendliche 6,50 DM.
   a) Im Juni übernachteten dort 1 206 Jugendliche.
   b) Im Juli übernachteten dort 1 763 Jugendliche.
   c) Im August waren es 1 785 Jugendliche.
   d) Im September waren es 896 Jugendliche.

   Insgesamt wurden 36 725 DM für Übernachtungen eingenommen.

2. Frau Schuch fährt mit ihrer Klasse für 4 Tage in die Jugendherberge nach Norddeich.
   Der Preis für eine Übernachtung beträgt 6,50 DM, die Verpflegung kostet für einen Tag 12,50 DM.
   An der Fahrt nehmen 27 Schüler teil.
   a) Was kosten Übernachtung und Verpflegung für einen Schüler?
   b) Was kosten Übernachtung und Verpflegung für die ganze Klasse?

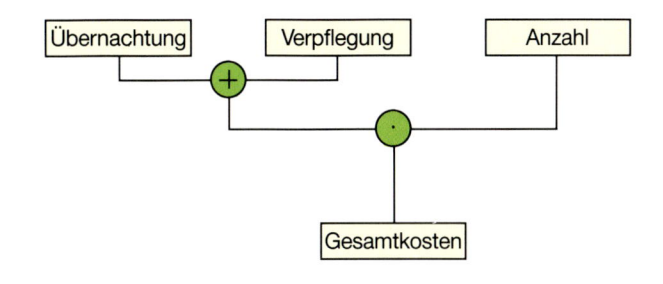

3. Die Jugendherberge Kirchheim verbraucht pro Tag etwa 35 kg Fleisch, 41 kg Brot, 47 kg Kartoffeln, 30 kg Obst und 9 kg Butter. Wieviel in einem Monat?

4. Herr und Frau Schneider wohnen 14 Tage in der Pension Alpenblick.
   Eine Übernachtung mit Frühstück kostet pro Person 27,50 DM.
   Für Mittagessen und Abendessen geben sie zusammen etwa 65 DM am Tag aus.
   Berechne die Kosten für Übernachtung und Verpflegung in 14 Tagen.

5. Berechne die Preise für Übernachtung mit Frühstück.

   a) Hof Schwartenberg

Anzahl der Tage	1	3	14	21	28
Preis in DM	18,50				

   b) Pension Adlerhorst

Anzahl der Tage	1	3	14	21	28
Preis in DM	27,00				

   c) Haus Seeblick

Anzahl der Tage	1	3	14	21	28
Preis in DM	34,50				

   d) Hotel zum Goldenen Löwen

Anzahl der Tage	1	3	14	21	28
Preis in DM	64,00				

6. a) Welches Gewicht trägt ein Autotransporter, wenn er 5 Pkw von je 970 kg und 4 Pkw von je 780 kg geladen hat?
   b) Welches Gewicht trägt ein Güterwagen, wenn er 5 Pkw von je 845 kg und 5 Pkw von je 1 160 kg geladen hat?
   Die transportierten Pkw wiegen insgesamt 17 995 kg.

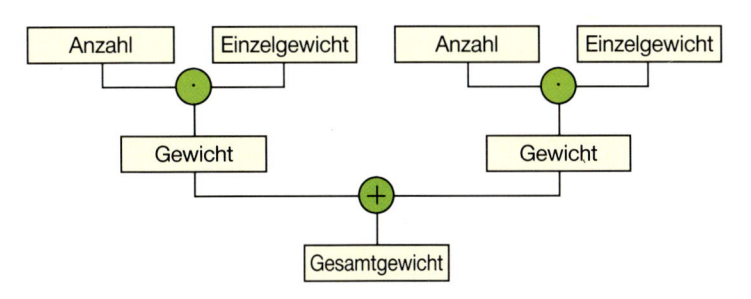

7. a) Herr Ens fährt mit seinem Pkw jeden Monat etwa 3 400 km. Wieviel in einem Jahr?
   b) Frau Uhlig fuhr im Jahr 1987 mit ihrem Pkw von Januar bis Mai jeden Monat etwa 1 300 km und von Juni bis Dezember etwa 1 700 km im Monat. Wieviel km fuhr sie 1987 insgesamt?

8. a) 6000 40000 80000 : 20 50
   b) 4800 24000 320000 : 40 80
   c) 900 400 700 · 60 300
   d) 5000 8000 3000 · 70 80

Sachaufgaben – Zuckerverbrauch

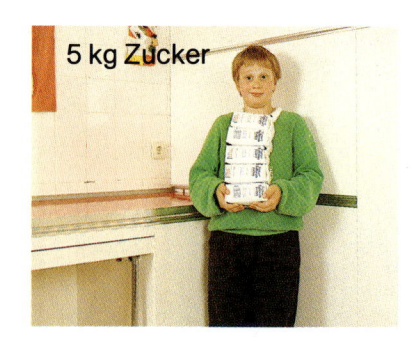

5 kg Zucker   10 kg Zucker   40 kg Zucker

Weniger Zucker?
Düsseldorf (Inw) Kleinkinder und Schüler sollten zur Vermeidung von Karies lieber auf zuviel Zucker verzichten. Dies forderten Zahnärzte in Düsseldorf.

1. Vermute, wieviel Zucker ein 10-jähriger Schüler im Jahr ungefähr zu sich nimmt.

2. Zucker in Speisen und Getränken

450 g — 250 g
100 g — 60 g
100 g — 29 g
100 g — 90 g
400 g — 320 g
1 l — 180 g

In einer Woche nimmt Sascha an süßen Speisen und Getränken durchschnittlich zu sich:
90 g Marmelade, 2 Liter Saft, 2 Tafeln Schokolade,
300 g süßes Gebäck, 50 g Bonbons
und 100 g Kakaotrunkpulver.
Seine anderen Speisen und Getränke enthalten zusammen weitere 30 g Zucker.

Wieviel Zucker nimmt Sascha durchschnittlich zu sich?
a) in einer Woche   b) in einem Jahr (52 Wochen)

Marmelade	
Menge	Zuckermenge
:5 ⟨450 g → 90 g⟩	⟨250 g → 50 g⟩ :5

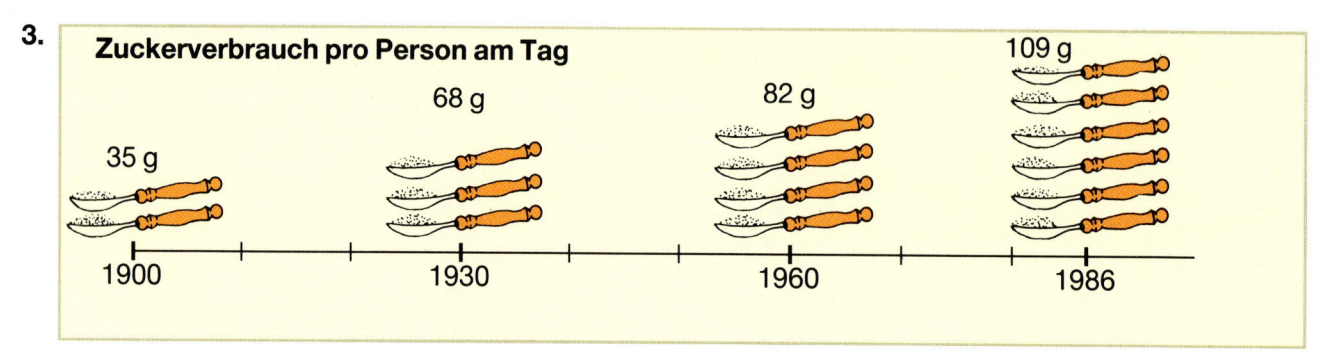

3. **Zuckerverbrauch pro Person am Tag**

35 g (1900)   68 g (1930)   82 g (1960)   109 g (1986)

a) Wie hoch war in den angegebenen Jahren der tägliche Zuckerverbrauch? Vergleiche.
b) Berechne jeweils den jährlichen Zuckerverbrauch.

Sachaufgaben – Nahrungsmittelverbrauch

1. Birgit hat an mehreren Tagen aufgeschrieben, was sie und ihre Eltern zusammen essen.
   Ihre Mutter hat dazu ein Schaubild gezeichnet.

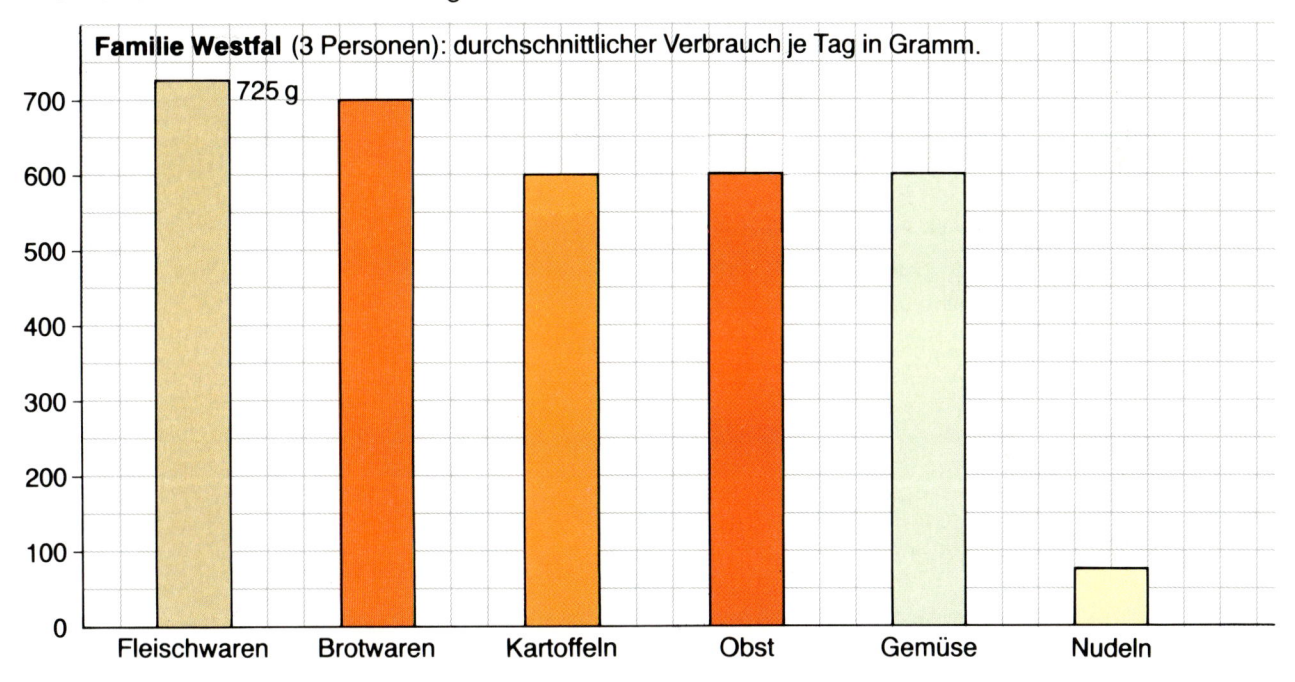

   Familie Westfal (3 Personen): durchschnittlicher Verbrauch je Tag in Gramm.

   - Fleischwaren: 725 g
   - Brotwaren: 700 g
   - Kartoffeln: 600 g
   - Obst: 600 g
   - Gemüse: 600 g
   - Nudeln: 75 g

   a) Beschreibe das Schaubild.
   b) Wieviel hat Familie Westfal von den einzelnen Nahrungsmitteln durchschnittlich am Tag verbraucht?
   c) Wie hoch ist der Jahresverbrauch der Familie Westfal bei den einzelnen Nahrungsmitteln?

2. Im Jahre 1960 verbrauchte eine dreiköpfige Familie am Tag durchschnittlich
   400 g Fleischwaren, 650 g Brotwaren, 1000 g Kartoffeln, 900 g Obst, 450 g Gemüse und 85 g Nudeln.
   a) Zeichne ein Schaubild.
   b) Berechne den jeweiligen Jahresverbrauch einer Familie von 1960.
   c) Vergleiche den Verbrauch von 1960 mit dem heutigen Verbrauch.

3. In Nigeria verbrauchte eine dreiköpfige Familie im Jahre 1961 am Tag durchschnittlich
   90 g Fleisch, 900 g Brotwaren, 2 400 g Kartoffeln und 120 g Gemüse. Vergleiche.

4. Durchschnittlicher Getränkeverbrauch je Person im Jahr: 164 l Kaffee, 144 l Bier, 96 l Trinkmilch,
   53 l Mineralwasser, 50 l Tee, 28 l Fruchtgetränke, 26 l Wein und 20 l Cola.
   Zeichne ein Schaubild. Wähle für 10 l ein Rechenkästchen. Vergleiche.

Teilbarkeit durch 2, 10 und 5

1. Julia hat schon vor dem Teilen erkannt, ob ein Rest bleibt oder nicht.
Rechne die Aufgaben und stelle fest, ob Julia recht hat.
Woran erkennt man, ob eine Zahl ohne Rest durch 2, 5 oder 10 teilbar ist?

2.

| 4285 | 31058 | 863 | 67460 | 952 | 6897 | 23100 | 51875 | 3620 |

Überlege: a) Welche dieser Zahlen sind durch 2 ohne Rest teilbar?
b) Welche dieser Zahlen sind durch 10 ohne Rest teilbar?
c) Welche dieser Zahlen sind durch 5 ohne Rest teilbar?
Dividiere zur Kontrolle.

3. Jede Zahl soll durch 5 teilbar sein. Setze jeweils eine passende Ziffer ein und dividiere dann durch 5.
a) 7☐   b) 9☐   c) 15 76☐   d) 67 00☐   e) 26 88☐   f) 524 10☐   g) 713 85☐
   6☐   3☐   79 04☐   83 84☐   47 601☐ ✦ 64 273☐ ✦ 80 097☐

4. Jede Zahl soll durch 2 teilbar sein. Setze jeweils eine passende Ziffer ein.
a) 3☐   b) 2☐   c) 1130☐   d) 4444☐   e) 2 9123☐   f) 53 701☐   g) 80 739☐
   5☐   4☐   5728☐   3827☐   1 7975☐ ✦ 91 486☐ ✦ 45 522☐
Wie viele verschiedene Ziffern hättest du jeweils einsetzen können?

5. Zeichne die Tabelle ab. Kreuze an, wenn eine Zahl teilbar ist.

	128	469	750	1024	1900	3415	25981	47000	78225
durch 2	X								
durch 10	–								
durch 5	–								

13 Kreuze

> Jede **gerade** Zahl ist durch **2** teilbar.
> Jede Zahl, deren letzte Ziffer **0** ist, ist durch **10** teilbar.
> Jede Zahl, deren letzte Ziffer **0** oder **5** ist, ist durch **5** teilbar.

6. Richtig oder falsch? Überlege und rechne Beispielaufgaben.
✦ a) Wenn eine Zahl durch 10 teilbar ist, dann ist sie auch durch 2 teilbar.
   b) Wenn eine Zahl durch 2 teilbar ist, dann ist sie auch durch 10 teilbar.

Vielfache

10	40	70	100	130	160	190	220	250	280	310	340
20	50	80	110	140	170	200	230	260	290	320	350
30	60	90	120	150	180	210	240	270	300	330	360

1. Schreibe die angegebenen **Vielfachen** heraus.
   Für „Menge der Vielfachen von 70" kannst du V_{70} schreiben.
   a) Menge der Vielfachen von 70
   b) Menge der Vielfachen von 20
   c) Menge der Vielfachen von 50
   d) Menge der Vielfachen von 60
   e) Menge der Vielfachen von 40
   f) Menge der Vielfachen von 30

   a) $V_{70} = \{70, 140, 210, 280, 350\}$

2. Schreibe die Vielfachenmengen auf. Wähle Zahlen bis 200.
   a) V_{10} b) V_{100} c) V_{50} d) V_{25} e) V_{80} f) V_8 ✱ g) V_{90} ✱ h) V_9

3. Jede dieser Zahlen ist Vielfaches von mehreren Zehnerzahlen. Von welchen?
   a) 350   d) 100   g) 180   ✱ j) 280   ✱ m) 360
   b) 80   e) 120   h) 200   ✱ k) 300   ✱ n) 420
   c) 90   f) 150   i) 240   ✱ l) 320   ✱ o) 480

   a) 350 ist Vielfaches von 10, von 50 und von 70.

4. richtig(r) oder falsch(f)?
   a) 56 ist Vielfaches von 8.
      48 ist Vielfaches von 12.
      70 ist Vielfaches von 15.
      richtig: 6 Sätze   falsch: 3 Sätze
   b) 420 ist Vielfaches von 70.
      280 ist Vielfaches von 90.
      720 ist Vielfaches von 60.
   c) 900 ist Vielfaches von 90.
      ✱ 640 ist Vielfaches von 80.
      290 ist Vielfaches von 60.

5. Zeichne ab und trage alle passenden Vielfachen bis 600 ein. Wie heißen die gemeinsamen Vielfachen?
   a) V_{60}: 60, 180; gemeinsam: 120, 240; V_{40}: 40, 80, 160, 200
   b) V_{70}: 70; V_{50}: 50, 100
   c) V_{40}: 120, 40; V_{80}: 80

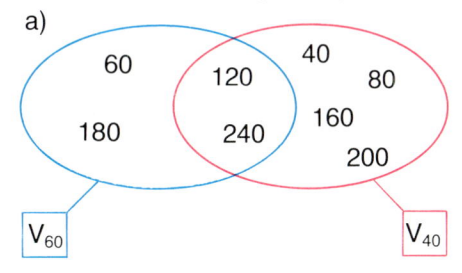

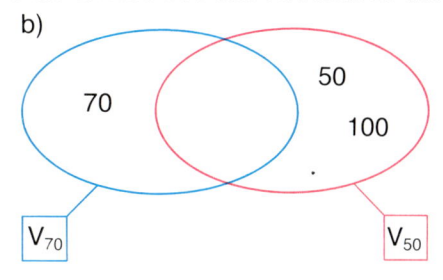

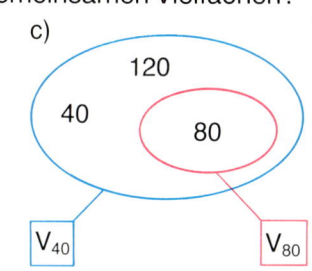

6. Zeichne Mengenbilder mit den Vielfachen bis 600.
   a) V_{70} und V_{90}
   b) V_{60} und V_{90}
   c) V_{50} und V_{100}
   d) V_{80} und V_{70}
   e) V_{60} und V_{80}

7. Schreibe die gemeinsamen Vielfachen bis 600 auf.
   a) Vielfache von 60 **und** 80
   b) Vielfache von 40 **und** 60
   c) Vielfache von 30 **und** 90

8. Suche die versteckten Zahlen.

   ❓ Die Zahl ist Vielfaches von 30 und 20.
      Die Zahl ist größer als 100 und kleiner als 150.

   ❓ Die Zahl ist Vielfaches von 60 und 90.
      Die Zahl ist kleiner als 500 und größer als 200.

   ❓ Die Zahl ist Vielfaches von 60 und 80.
      Die Zahl ist größer als 400 und kleiner als 600.

   ❓ Die Zahl ist Vielfaches von 40 und 100.
      Die Zahl ist größer als 400 und kleiner als 800.

Teiler

Die Zahl 24 ist durch 1, 2, 3, 4, 6, 8, 12 und 24 ohne Rest teilbar.
1, 2, 3, 4, 6, 8, 12, 24 sind **Teiler** der Zahl 24.
Für die Menge der Teiler von 24 kannst du kurz T_{24} schreiben.

Die Teiler einer Zahl kannst du durch Teilen oder durch Zerlegen finden.

24	
1	24
2	12
3	8
4	6

1. Schreibe die Teilermengen auf. Wie viele Teiler haben die Zahlen?
   a) T_8 b) T_{20} c) T_{32} d) T_{47} ✡ e) T_{25} ✡ f) T_{92}

   a) $T_8 = \{1, 2, 4, 8\}$ 4 Teiler

2. Vermute: Welche der folgenden Zahlen hat die meisten Teiler? Prüfe nach.
   a) 18 24 36 48
   b) 60 75 90 96
   c) 74 76 80 81

3. Von welchen Zahlen bis 400 sind diese Zehnerzahlen Teiler?
   a) 80   c) 60   e) 50   ✡ g) 70
   b) 40   d) 30   f) 90   ✡ h) 20

   a) 80 ist Teiler von 80, 160, 240, 320 und 400.

4. richtig(r) oder falsch(f)?
   a) 3 ist Teiler von 75.
      7 ist Teiler von 75.
      9 ist Teiler von 75.
      richtig: 4 Sätze   falsch: 5 Sätze
   b) 40 ist Teiler von 320.
      70 ist Teiler von 320.
      60 ist Teiler von 320.
   c) 90 ist Teiler von 540.
      ✡ 50 ist Teiler von 310.
      70 ist Teiler von 490.

5. Zeichne ab und trage die Teiler ein. Wie heißen die gemeinsamen Teiler?
   a) T_{64} und T_{56} (gemeinsam: 1, 2, 4)
   b) T_{36} und T_{81}
   c) T_{90} und T_{30} (gemeinsam: 1, 2)

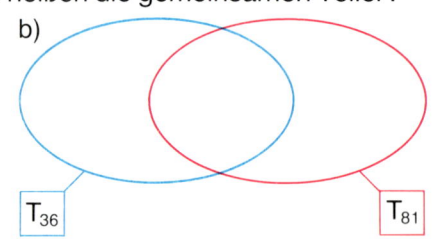

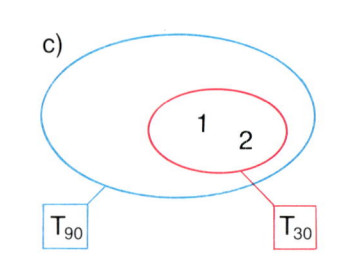

6. Zeichne Mengenbilder mit den Teilern.
   a) T_{24} und T_{18} b) T_{20} und T_{30} c) T_{35} und T_{45} d) T_{48} und T_{36} e) T_{72} und T_{90}

7. Schreibe die gemeinsamen Teiler auf. Setze die Zahlen in Mengenklammern.
   a) Teiler von 64 **und** 56
   b) Teiler von 42 **und** 54
   c) Teiler von 36 **und** 42
   d) Teiler von 17 **und** 29
   d) Teiler von 24 **und** 40
   f) Teiler von 45 **und** 27

8. Suche die versteckten Zahlen.

   ✡
   ? Die Zahl ist Teiler von 36.
     Sie hat doppelt so viele Einer wie Zehner.

   ? Die Zahl ist Teiler von 75.
     Sie ist größer als 1 und Quadratzahl.

   ? Die Zahl ist Teiler von 56 und 42.
     Sie hat vier mal so viele Einer wie Zehner.

   ? Die Zahl ist Teiler von 150 und 450.
     Sie ist größer als 50 und ungerade.

Teiler – Rennen
Spiel für zwei bis vier Schüler

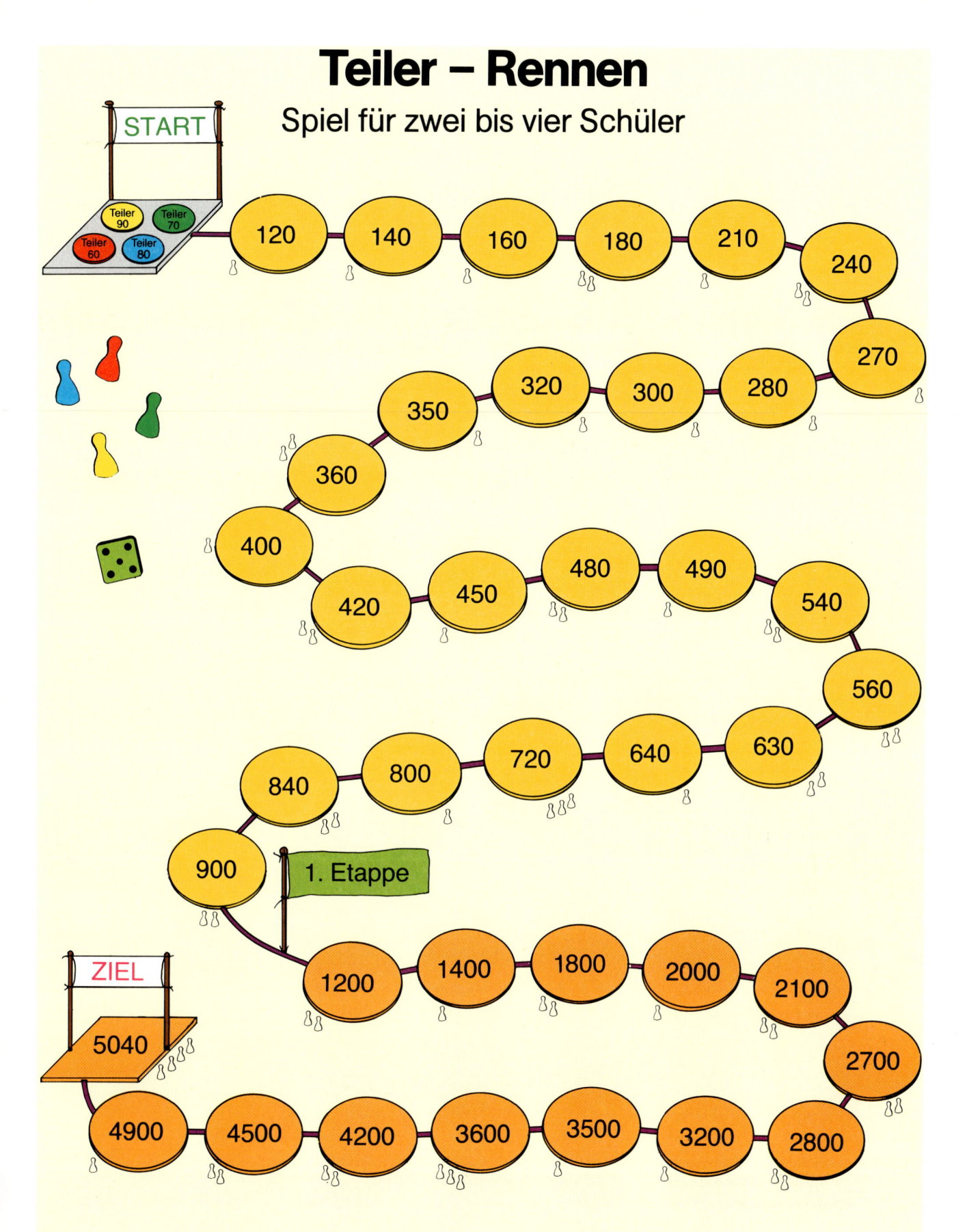

START

Teiler 90, Teiler 70, Teiler 60, Teiler 80

Spielfelder: 120 – 140 – 160 – 180 – 210 – 240 – 270 – 280 – 300 – 320 – 350 – 360 – 400 – 420 – 450 – 480 – 490 – 540 – 560 – 630 – 640 – 720 – 800 – 840 – 900

1. Etappe

1200 – 1400 – 1800 – 2000 – 2100 – 2700 – 2800 – 3200 – 3500 – 3600 – 4200 – 4500 – 4900 – 5040

ZIEL

- Jeder entscheidet sich für eine der vier Spielzahlen (z. B. „Teiler 90").
- Würfelt aus, wer anfangen darf.
- Jeder würfelt und setzt seine Figur entsprechend vor. Wenn seine Spielzahl ein Teiler der Zahl auf dem Feld ist, darf die Figur dort stehen bleiben. Sonst muß sie zur nächstpassenden Zahl zurückgesetzt werden.
- Wer zuerst über das Feld 900 hinauskommt, ist Etappensieger. Wer zuerst das Feld 5040 erreicht, ist Gesamtsieger.

Beispiel:

Ingolf hat „Teiler 90" gewählt.

Er würfelt eine 5 und rückt bis zur 210 vor. 90 ist nicht Teiler von 210.

Deshalb muß Ingolf auf das Feld 180 zurückgehen.

75

Sachrechnen – Textverständnis

Duisburg – größter Binnenhafen der Welt.

1. Lies die Texte genau und löse die Aufgaben.
   a) In Duisburg mündet die Ruhr in den Rhein. Seit 1716 gibt es hier einen Hafen.
      Im Jahre 1914 wurde der Rhein-Herne-Kanal eröffnet. Wie alt ist der Hafen?
   b) Tausende von Schiffen fahren jährlich in die Duisburger Hafenanlagen ein. Davon sind 8 500 Schiffe aus Deutschland, 7 200 Schiffe kommen aus Holland, 1 500 aus Belgien und 5 100 aus anderen Ländern. 16 000 Schiffe haben eigene Motoren, die anderen werden geschleppt oder geschoben. Wie viele Schiffe laufen jährlich in die Duisburger Hafenanlagen ein?
   c) Eine Hafenrundfahrt dauert 2 Stunden und kostet für Kinder 5 DM. Jedes der beiden Rundfahrboote befördert jährlich rund 75 000 Fahrgäste.
      Wie viele Personen machen im Jahr eine Hafenrundfahrt mit?
   Welche Zahlenangaben hast du für das Rechnen nicht benötigt? Begründe.

2. Auf dem Rhein fahren täglich an Koblenz 174 Schiffe vorbei.
   Man rechnet pro Schiff eine Ladung von 1 200 t.

   Suche die passenden Fragen heraus. Begründe, wenn eine Frage nicht paßt. Rechne und antworte.

   A Wieviel t Güter werden in einem Jahr auf dem Rhein bei Koblenz transportiert?
   B Wie viele Schiffe sind nur halb beladen?
   C Wie viele Güterwagen zu je 20 t können aus einem Schiff beladen werden?
   D Wie viele Schiffe fahren in einer Woche auf dem Rhein an Koblenz vorbei?
   E Wie viele Binnenschiffer fahren an einem Tag an Koblenz vorbei?

   Zu drei Fragen kann man rechnen.

3. Welche Frage und welche Rechnung passen zu diesen Angaben?

   Auf dem Rhein fahren 11 560 Frachtschiffe. Der vierte Teil davon kommt aus Deutschland.

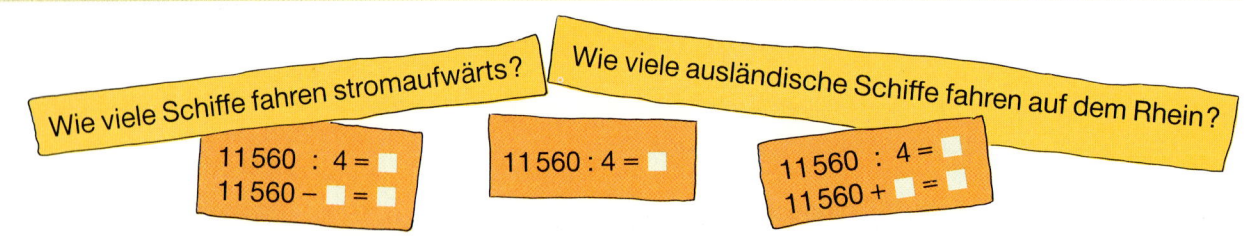

   Wie viele Schiffe fahren stromaufwärts?
   Wie viele ausländische Schiffe fahren auf dem Rhein?

   11 560 : 4 = ☐
   11 560 − ☐ = ☐

   11 560 : 4 = ☐

   11 560 : 4 = ☐
   11 560 + ☐ = ☐

   Schreibe die passende Frage und wähle dazu die Rechnung aus. Rechne aus und antworte.

Ungleichungen und Gleichungen

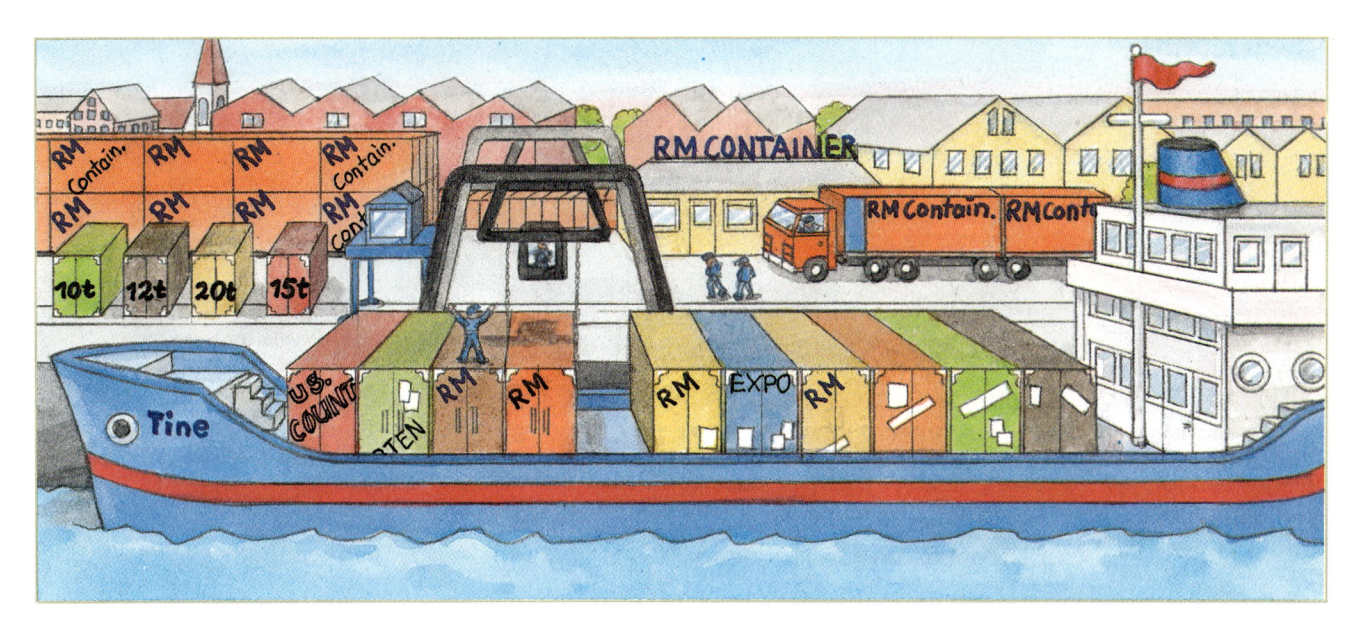

1. Das Containerschiff „Tine" kann 1 000 t Fracht aufnehmen. 985 t sind schon geladen.

2. Das Containerschiff „Gelsenkirchen" darf 1 200 t laden. Auf dem Schiff sind schon 1 179 t Fracht. Welche der folgenden Container könnten noch zugeladen werden?

| 18 t | 25 t | 21 t | 30 t | 22 t | 20 t | 14 t |

Schreibe Ungleichungen und eine Gleichung.

1 179 t + 18 t < 1 200 t

3. Welche Zahlen passen? Gib die Lösungsmenge an.
 a) 992 + ▨ < 1 000
 b) 988 + ▨ < 1 000
 c) 996 + ▨ < 1 000
 d) 990 + ▨ < 1 000
 e) 9 008 − ▨ > 9 000
 f) 4 010 − ▨ > 4 000
 g) 8 111 − ▨ > 8 100
 h) 3 407 − ▨ > 3 400
 i) ▨ · 40 < 200
 j) ▨ · 50 < 500
 k) ▨ · 30 < 100
 l) ▨ · 20 < 100

a) {0, 1, 2, 3, 4, 5, 6, 7}

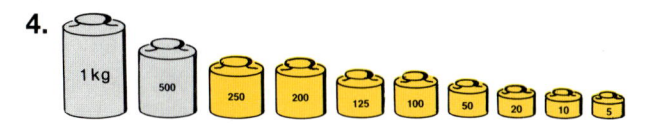

4. Rechts soll noch ein Gewichtsstück aufgelegt werden.
 a) Bei welchen zusätzlichen Gewichtsstücken bleibt die linke Waagschale unten?
 b) Bei welchen Gewichtsstücken senkt sich die rechte Waagschale nach unten?
 c) Bei welchem Gewichtsstück kommt die Waage ins Gleichgewicht?

5. Paßt die Ergebniszahl? – Würfelspiel für ein bis vier Spieler

160 − ▨ > 100

- Würfele mit drei Würfeln. Multipliziere die drei Zahlen miteinander. Prüfe, ob du die Ergebniszahl in die Ungleichung einsetzen kannst.
- Für jede Ergebniszahl, die du einsetzen kannst, erhältst du einen Punkt.

Sachaufgaben – Im Zoo

1. Herr und Frau Krauß besuchen mit ihren drei Kindern den Zoo.
   a) Wieviel Eintritt muß Herr Krauß für die gesamte Familie bezahlen?
   b) Wieviel DM bekommt er zurück, wenn er mit einem 50-DM-Schein zahlt?

2. Familie Krauß ißt im Zoo-Restaurant zu Mittag. Frau Krauß bestellt dreimal Menü I zu 12,60 DM, zweimal Pommes frites mit Hamburger zu 6,80 DM, 4 Glas Johannisbeersaft zu 1,60 DM, 1 Glas Bier zu 1,90 DM und zum Nachtisch noch zwei Vanille-Eis zu 2,30 DM.
   a) Wieviel DM muß Frau Krauß bezahlen?
   b) Wieviel DM bekommt Frau Krauß zurück, wenn sie mit vier 20-DM-Scheinen zahlt?

3. Herr Reinhard besucht den Zoo mit 23 Schülern der Klasse 4a. Auf den Eintrittspreis erhält er 15 DM Ermäßigung.
Wieviel muß Herr Reinhard an der Kasse bezahlen?

4. Ein Tiger bekommt an einem Tag 7 kg Fleisch. Einen Tag in der Woche müssen die Tiere fasten.
Wieviel Fleisch verfüttert der Zoo an 7 Tiger im Jahr?

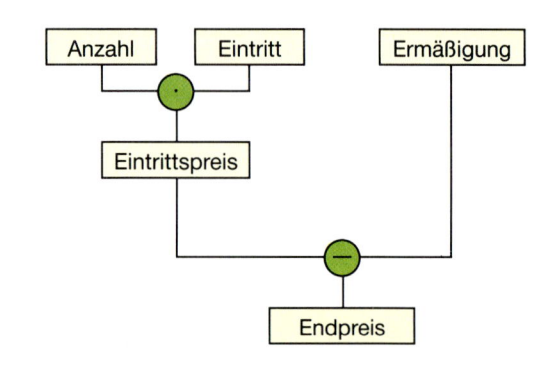

5. Ein See-Elefant bekommt am Tag 20 kg Fische, ein Königspinguin 3 kg, ein Seehund 4 kg.
   a) Wieviel kg Fische braucht jedes Tier im Jahr, wenn jede Woche ein Fastentag eingelegt wird?
   b) Wieviel kg Fische benötigt ein Zoo mit 2 See-Elefanten, 6 Seehunden und 12 Pinguinen im Jahr?

6. Futter für einen Elefanten

	Kraftfutter	Heu	Rüben	Brot	Wasser
an einem Tag	15 kg	30 kg	20 kg	7 kg	100 l
in einer Woche					
in einem Monat					
in einem Jahr					

7. Vater und Klaus benötigen für die Fahrt zum Zoo 2 h 25 min. Im Zoo halten sie sich 4 h 45 min auf. Für die Rückfahrt brauchen sie 2 h 10 min. Um 18 Uhr treffen sie wieder zu Hause ein.
Wann sind sie am Morgen losgefahren?

Sachaufgaben – Post

Brief- und Paketgebühren der Deutschen Bundespost (Stand 1. Juli 1982)

	DM			1. Zone bis 150 km DM	2. Zone über 150 km bis 300 km DM	3. Zone über 300 km DM
Standardbbrief	0,80					
Brief bis 50 g	1,30	**Standardpaket** bis 5 kg		4,40	4,60	4,80
über 50 bis 100 g	1,90	über 5 bis 6 kg		5,00	5,40	5,80
über 100 bis 250 g	2,50	über 6 bis 7 kg		5,60	6,20	6,80
über 250 bis 500 g	3,10	über 7 bis 8 kg		6,20	7,00	7,80
über 500 bis 1 000 g	3,70	über 8 bis 9 kg		6,80	7,80	8,80
Postkarte	0,60	über 9 bis 10 kg		7,40	8,60	9,80
Standarddrucksache und- warensendung	0,50	über 10 bis 12 kg		8,60	10,00	11,40
Drucksache und Warensendung bis 50 g	0,80	über 12 bis 14 kg		9,80	11,40	13,00
über 50 bis 100 g	1,10	über 14 bis 16 kg		11,00	12,80	14,60
über 100 bis 250 g	1,40	über 16 bis 18 kg		12,20	14,20	16,20
über 250 bis 500 g	2,00	über 18 bis 20 kg		13,40	15,60	17,80
Päckchen (bis 2 kg)	3,00					

1. Wie hoch ist das Porto?
   a) für 5 Standardbriefe und 4 Postkarten
   b) für 2 Briefe von je 170 g und drei Päckchen
   c) für 6 Briefe von je 70 g und 2 Drucksachen
   d) für 3 Pakete von je 4 kg, Zone 2
   e) für 2 Pakete von je 3 520 g, Zone 1
   f) für 4 Pakete von je 6 500 g, Zone 3

2. Was ist billiger, Brief oder Päckchen?
   a) Klaus schickt seinem Freund in Lüneburg zum Geburtstag ein Album und eine Glückwunschkarte. Die Sendung wiegt 230 g.
   b) Melanie schickt ihrer Freundin in Fritzlar ein Buch und einen Geburtstagsbrief. Die Sendung wiegt 725 g.

3. Frau Weber will 17 kg getragene Kleidungsstücke von Zweibrücken nach Bethel schicken (Zone 3).
   a) Wie hoch sind die Gebühren, wenn sie alle Kleidungsstücke in ein Paket packt?
   b) Wie hoch sind die Gebühren, wenn sie zwei Pakete packt?

4. Fernmelderechnung – Wird abgebucht –

Hauptanschluß: 27,00 DM | Anzahl der Gebühreneinheiten insgesamt: 54 | gebührenpfl.: 34 | Gebühren: 7,82 DM

Die Grundgebühr für einen Telefonanschluß beträgt 27 DM im Monat. Eine Gebühreneinheit kostet 0,23 DM. 20 Einheiten sind gebührenfrei. Wieviel muß Familie Hardt insgesamt bezahlen?

5. Wie hoch sind die Telefonrechnungen?
   a) Familie Schulz hat insgesamt 67 Einheiten.
   b) Herr Uhlig hat insgesamt 279 Einheiten.
   c) Frau Kirsch hat insgesamt 89 Einheiten.
   d) Familie Weiß hat insgesamt 173 Einheiten.
   ✶e) Herr Conrad hat insgesamt 467 Einheiten.
   ✶f) Familie Grimm hat insgesamt 312 Einheiten.
   ✶g) Frau Richter hat insgesamt 377 Einheiten.
   ✶h) Herr Wolf hat insgesamt 608 Einheiten.

6. a) 265 109 + 84 756   b) 139 078 + 254 319   c) 435 607 + 128 345

349 865, 357 655, 393 397, 563 952

7. a) 534 648 − 165 299   b) 865 210 − 317 198   c) 745 671 − 267 344

369 349, 452 349, 478 327, 548 012

Sachaufgaben – Preisvergleiche

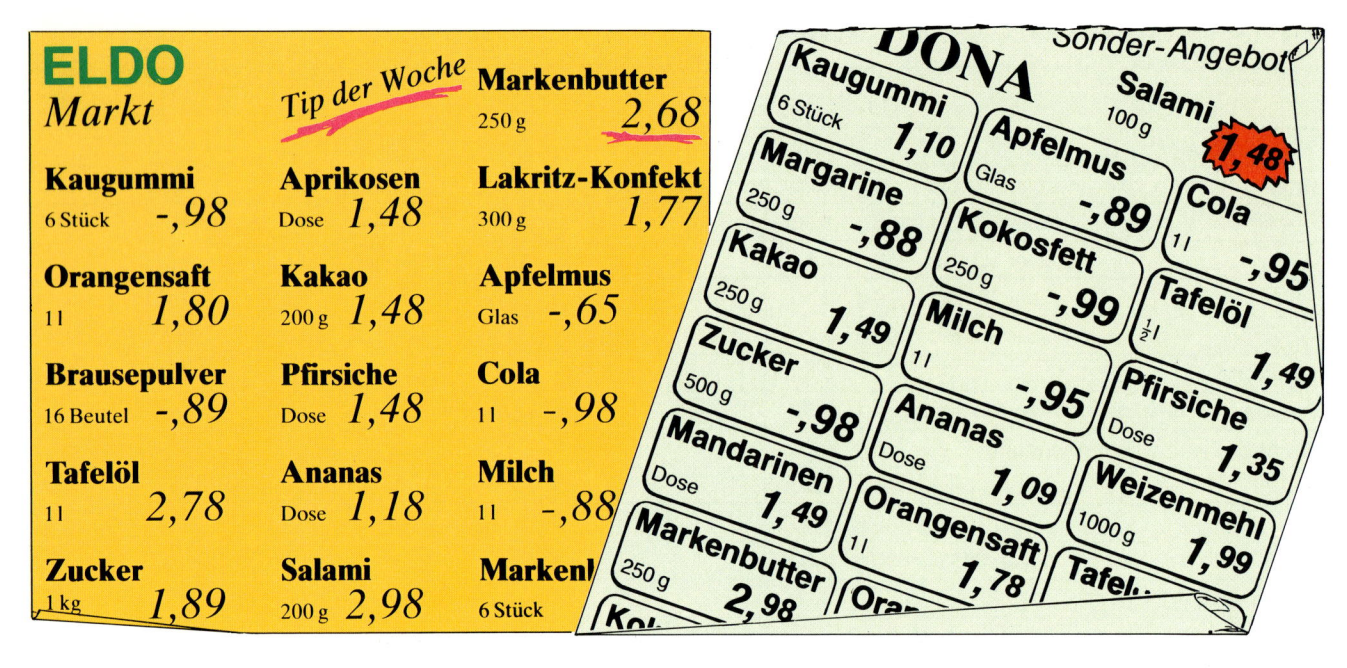

ELDO Markt — Tip der Woche

Markenbutter 250 g	2,68
Kaugummi 6 Stück	-,98
Aprikosen Dose	1,48
Lakritz-Konfekt 300 g	1,77
Orangensaft 1 l	1,80
Kakao 200 g	1,48
Apfelmus Glas	-,65
Brausepulver 16 Beutel	-,89
Pfirsiche Dose	1,48
Cola 1 l	-,98
Tafelöl 1 l	2,78
Ananas Dose	1,18
Milch 1 l	-,88
Zucker 1 kg	1,89
Salami 200 g	2,98
Markenbutter 6 Stück	—

DONA — Sonder-Angebot

Kaugummi 6 Stück	1,10
Salami 100 g	1,48
Margarine 250 g	-,88
Apfelmus Glas	-,89
Cola 1 l	-,95
Kakao 250 g	1,49
Kokosfett 250 g	-,99
Tafelöl ½ l	1,49
Zucker 500 g	-,98
Milch 1 l	-,95
Pfirsiche Dose	1,35
Mandarinen Dose	1,49
Ananas Dose	1,09
Weizenmehl 1000 g	1,99
Markenbutter 250 g	2,98
Orangensaft 1 l	1,78

1. Frau Strube will 8 Dosen Pfirsiche, 5 Dosen Ananas und 6 Gläser Apfelmus einkaufen. Wieviel müßte Frau Strube im ELDO-Markt bezahlen? Wieviel im DONA-Markt?

2. Herr Röll hat eine Einkaufsliste geschrieben. Er vergleicht die Preise.
 a) Zeichne die Liste ab. Rechne die Preise für die einzelnen Waren aus.
 b) Wieviel kostet die gesamte Ware im ELDO-Markt? Wieviel kostet die Ware im DONA-Markt? Wie groß ist der Preisunterschied?
 c) Wieviel kostet die gesamte Ware, wenn man die günstigsten Angebote ausnutzt?
Schreibe selbst Einkaufslisten und vergleiche.

	Eldo	Dona
2 l Milch	1,76	1,90
3 Gläser Apfelmus		
3 Dosen Ananas		
500 g Butter		
1 l Tafelöl		
3 l Cola		
12 Kaugummi		
1 kg Zucker		

3. a) Kaufmann Grebe ist 49 Jahre alt. Frau Schmidt kauft bei ihm 3 Dosen Milch, das Stück zu 48 Pf. Wieviel DM muß sie bezahlen?
 b) Am Montag kostet ein Ei 2 Pf weniger als am Samstag. Am Samstag kostete ein Ei 26 Pf. Wieviel Geld spart Frau Graf, wenn sie 30 Eier statt am Samstag am Montag kauft?
 c) Im DONA-Markt kostet 1 kg Mehl 12 Pf weniger als im ELDO-Markt. Herr Jäger kauft 2 kg Mehl im DONA-Markt, das Kilo zu 1,99 DM. Wieviel DM muß er bezahlen?
Welche Angaben hast du hier zum Rechnen nicht benötigt?

4.
a)	b)	c)	d)
4,95 DM · 3	16 · 2,80 DM	4,50 DM : 9	17,68 DM : 8
2,20 DM · 5	15 · 1,98 DM	0,98 DM : 2	24,35 DM : 5
10,50 DM · 4	14 · 0,98 DM	12,25 DM : 5	39,44 DM : 4
12,50 DM · 6	13 · 9,95 DM	10,20 DM : 4	47,34 DM : 9

0,49 DM; 0,50 DM; 2,21 DM; 2,45 DM; 2,48 DM; 2,55 DM; 4,87 DM; 5,26 DM; 9,86 DM; 11,00 DM; 13,72 DM; 14,85 DM; 29,70 DM; 42,00 DM; 44,80 DM; 75,00 DM; 129,35 DM

5.
 a) ist schwerer als

3450 g	3 kg 47 g
3,745 kg	3746 g

 b) ist leichter als

5250 g	5 kg 400 g
5,025 kg	5 kg

 c) ist genauso schwer wie

4,750 kg	4075 g
4750 g	4 kg 750 g

Sachaufgaben – Im Kannenbäckerland

1. Ein Töpfer dreht auf der Töpferscheibe in einer Stunde vier Vasen.
Eine Maschine gießt in derselben Zeit zwölfmal so viel.
  a) Wie viele Vasen stellt der Töpfer an einem Arbeitstag (acht Stunden) her?
  b) Wie viele Vasen stellen die sieben Töpfer der Fabrik in einer Woche her?
  c) Wie viele Vasen schafft die Maschine in einer Woche?

2. a) Die Vasen bleiben insgesamt $2\frac{1}{2}$ Tage im Brennofen. Wie viele Stunden sind das?
  b) Am Dienstag um 18.00 Uhr wurde der Ofen befeuert. Wann sind die Vasen fertig?
  c) 16 Stunden nach dem Befeuern wird das Salz für die Glasur eingeblasen. Wann ist das?

3. Frau Schütz kauft sich ein Kaffeeservice aus grau-blauem Steinzeug für sechs Personen.
Ein Gedeck kostet 38,80 DM. Der Preis für Kaffeekanne, Milchkännchen und Zuckerdose beträgt 54,50 DM.

4. Eine Töpferwerkstatt bietet Bierkrüge in drei verschiedenen Größen an. Die Krüge sind entweder nur bemalt oder geritzt und bemalt. Sie werden aus grauem oder aus braunem Ton hergestellt.
Wie viele Arten von Krügen kann man kaufen?

5. In einer Tongrube werden pro Tag 545 Tonnen Ton gefördert. Wie hoch ist die Jahresförderung bei 238 Arbeitstagen?

6. Eine Keramikfabrik verarbeitet in einem Jahr 46 116 Tonnen Ton.
Wie viele LKW-Ladungen zu je 9 t sind das?

7. Im vergangenen Jahr hat die Fabrik pro Tag 6 825 Wandfliesen hergestellt.
In diesem Jahr sind es täglich 320 Stück mehr.

8. 562 429   319 146   633 705   129 459
  a) Addiere zu jeder Zahl 48 655.
  b) Addiere zu jeder Zahl 53 429.
  178 114, 182 888, 367 801, 372 575, 389 621,
  611 084, 615 858, 682 360, 687 134

9. 811 965   429 600   793 087   644 999
  a) Subtrahiere von jeder Zahl 29 617.
  b) Subtrahiere von jeder Zahl 88 888.
  340 712, 399 983, 556 111, 605 392, 615 382,
  704 199, 723 077, 763 470, 782 348

Sachaufgaben – Höhen und Entfernungen

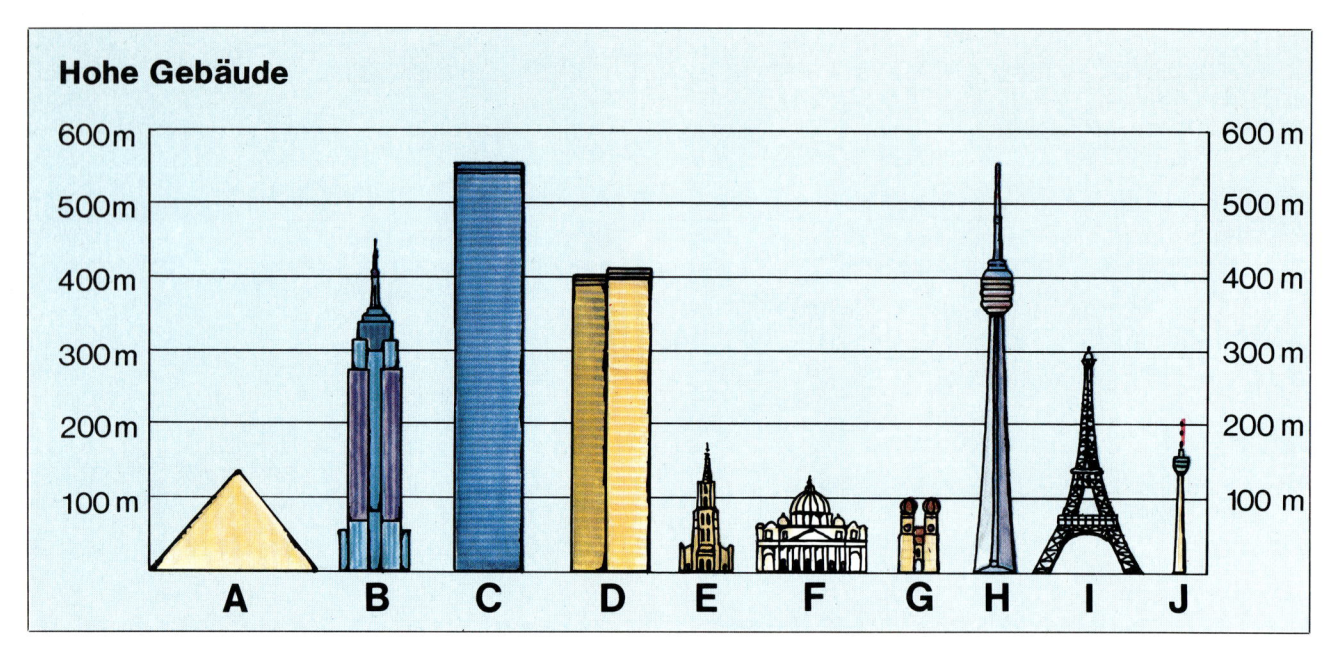

Hohe Gebäude

Chicago, Sears-Haus	550 m
Kairo, Cheops-Pyramide	146 m
München, Frauenkirche	99 m
New York, Empire State Building	442 m
New York, Welthandelszentrum	411 m
Paris, Eiffelturm	300 m
Rom, Peterskirche	138 m
Stuttgart, Fernsehturm	217 m
Toronto, Fernsehturm	553 m
Ulm, Münster	162 m

1. Schreibe zu jedem Buchstaben das Gebäude und seine Höhe auf.

> A: Kairo, Cheops-Pyramide 146 m

2. Berechne die Höhenunterschiede zwischen den Gebäuden.

a) C und B   b) D und A   c) E und F   d) H und I   e) I und A
    C und D   D und F   E und G   ✯ H und J   ✯ I und E
    C und A   D und G   E und A   H und F   I und J

> a) Gebäude C 550 m
>   Gebäude B 442 m
>   Unterschied 108 m

3. Flugentfernung von Frankfurt am Main nach anderen deutschen Flughäfen.

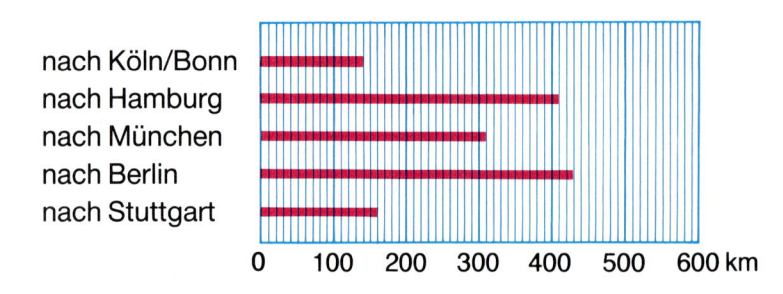

nach Köln/Bonn
nach Hamburg
nach München
nach Berlin
nach Stuttgart

1 mm im Schaubild entspricht 10 km Flugentfernung.
Wie groß sind die Entfernungen?

> von Frankfurt
> nach Köln/Bonn   140 km

4. Flugentfernungen von Frankfurt am Main nach ausländischen Flughäfen.

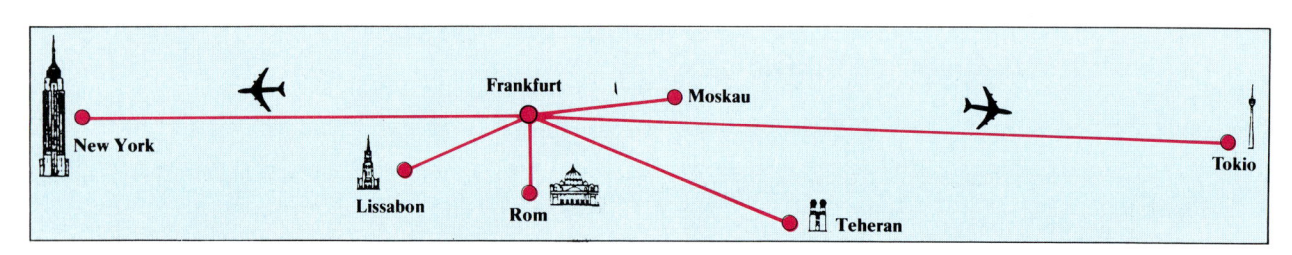

1 mm im Streckennetz entspricht 100 km Entfernung.
Wie groß sind die Entfernungen?

> von Frankfurt nach Moskau 2 000 km

Rechnen mit Längen

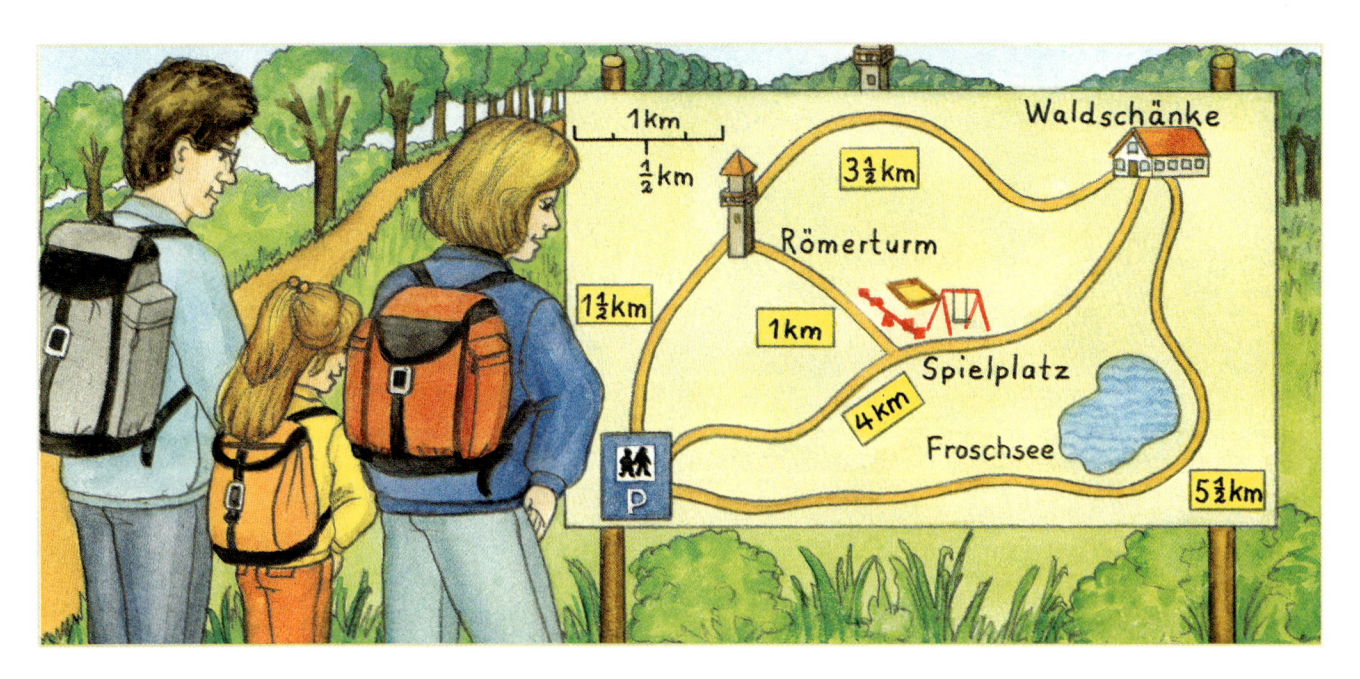

1. Erzähle – frage – rechne – antworte.

2. Torsten wandert mit seinen Eltern vom Parkplatz über Froschsee, Waldschänke, Römerturm zum Parkplatz zurück. „Wieviel Kilometer waren das eigentlich?" fragt Torsten im Auto.

3. Knut fährt mit seinem Fahrrad vom Parkplatz am Spielplatz vorbei zur Waldschänke. Auf dem Rückweg fährt er am Römerturm vorbei. Als er losfuhr, zeigte sein Kilometerzähler 645 km.

4. Schreibe als km und m.
   a) 2500 m   b) 800 m
      4300 m   7620 m
      6100 m   1234 m
      12900 m   3080 m

5. Schreibe als m.
   a) 2 km   b) 1 km 250 m
      7 km   3 km 80 m
      10 km   4 km 104 m
      25 km   42 km 195 m

6. Schreibe als m.
   a) $\frac{1}{2}$ km   b) $\frac{1}{4}$ km   c) $\frac{3}{4}$ km   d) $1\frac{1}{2}$ km   e) $3\frac{1}{2}$ km   f) $2\frac{1}{4}$ km   g) $9\frac{1}{2}$ km

> 3800 m = 3 km 800 m = 3,800 km
> Kürzer: 3,8 km
>
> **Das Komma trennt km und m.**

7. Schreibe mit Komma.
   a) 1 km 700 m   b) 8500 m   c) 6250 m
      2 km 100 m   4700 m   875 m
      0 km 750 m   12900 m   35 m
      9 km 180 m   13250 m   1036 m

8. Beim Sportfest im letzten Jahr hat Melanie den Schlagball 11 m weit geworfen. Diesmal hat sie $2\frac{1}{2}$ m mehr geschafft. Im nächsten Jahr möchte Melanie mindestens 20 m weit werfen.

9. Henning ist 3,80 m weit gesprungen. Sein Freund Nils hat $\frac{1}{2}$ m weniger geschafft, seine Freundin Anke $\frac{1}{4}$ m mehr.

10. Daniela hat bis zum Ziel noch $\frac{1}{4}$ Runde zu laufen. Wieviel Meter sind das noch?

Rechnen mit Längen

1. Petra und Jochen möchten ihre Deckchen umhäkeln. Petras Deckchen ist 60 cm lang und 32 cm breit. Jochens Deckchen ist 8 cm länger und 5 cm breiter. Wieviel Meter und Zentimeter Rand müssen die Kinder häkeln?

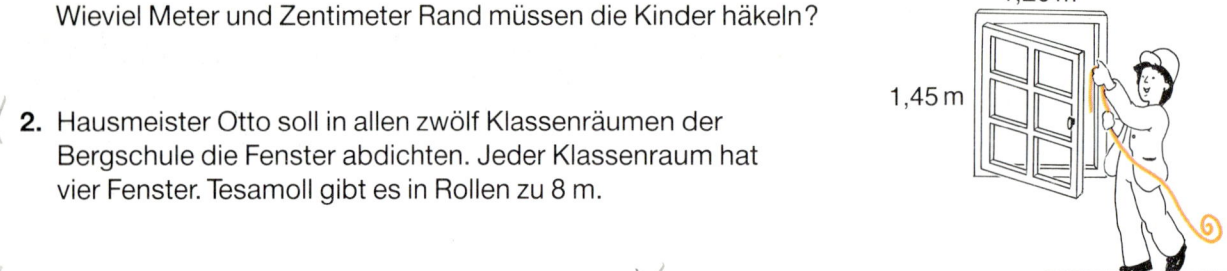

2. Hausmeister Otto soll in allen zwölf Klassenräumen der Bergschule die Fenster abdichten. Jeder Klassenraum hat vier Fenster. Tesamoll gibt es in Rollen zu 8 m.

   1,20 m
   1,45 m

3. Schreibe als m und cm.
   a) 5,76 m   b) 34,25 m   c) 56,80 m
      18,42 m   9,30 m   97,00 m
       3,08 m   0,67 m   0,09 m

4. Schreibe mit Komma.
   a) 4 m 38 cm   b) 46 m 83 cm   c) 8 m 27 cm
      7 m 59 cm   3 m 4 cm   0 m 6 cm
      1 m 8 cm   29 m 0 cm   6 m 47 cm

5. Rechne schriftlich.
   a) 7,49 m – 4,62 m = ▢ m   b) 126,17 m – 64,38 m = ▢ m   c) 27,34 m – 14,00 m = ▢ m
      88,06 m – 2,95 m = ▢ m   50,00 m – 5,77 m = ▢ m   71,56 m – 70,82 m = ▢ m
      12,34 m – 0,83 m = ▢ m   636,89 m – 99,21 m = ▢ m   40,05 m – 7,50 m = ▢ m
   0,74 m; 2,87 m; 11,51 m; 13,34 m; 32,55 m; 44,23 m; 61,79 m; 85,11 m; 471,13 m; 537,68 m

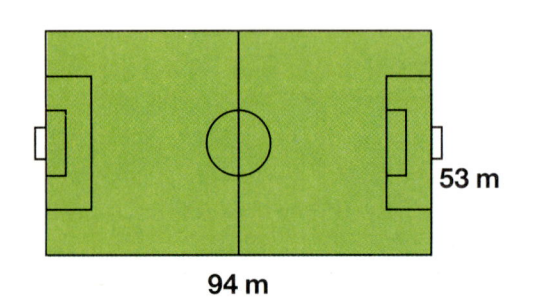

6. Wieviel Kilometer und Meter laufen die Kinder?
   a) Ingo läuft viermal um den Fußballplatz, Esther schafft sogar sieben Runden.
   b) Sema sagt: „Bei Nicole fehlen noch 35 m. Dann hat sie sechs Runden geschafft."

   53 m
   94 m

7. Knut läuft Runden um den halben Platz, insgesamt 800 m.

8. April 6,321 km   Mai 5,704 km   Juni 7,085 km   Juli ?

   Zwischen den beiden Tunnels müssen 25,470 km Gleise verlegt werden.

9. Schreibe als km und m.
   a) 53,657 km   b) 6,000 km   c) 65,300 km
       8,068 km   37,094 km   0,749 km
      21,803 km   90,705 km   4,046 km

10. Schreibe mit Komma.
    a) 8 km 456 m   b) 46 km 67 m   c) 0 km 537 m
       4 km 802 m   71 km 8 m   7 km 70 m
       9 km 73 m   84 km 92 m   5 km 300 m

11. Rechne schriftlich.
    a) 82,426 km + 16,375 km = ▢ km   b) 76,439 km + 7,475 km = ▢ km   c) 4,308 km + 67,862 km = ▢ km
       51,308 km + 27,864 km = ▢ km   8,215 km + 9,386 km = ▢ km   0,619 km + 95,743 km = ▢ km
       20,087 km + 43,913 km = ▢ km   32,060 km + 3,574 km = ▢ km   9,076 km + 0,924 km = ▢ km
    10,000 km; 15,050 km; 17,601 km; 35,634 km; 64,000 km; 72,170 km; 79,172 km; 83,914 km; 96,362 km; 98,801 km

Verkleinern – Vergrößern

1. Wie lang ist der Stichling in Wirklichkeit? Wie lang ist er in der Verkleinerung?

2. In Wirklichkeit ist jeder Fisch zehn mal so lang.

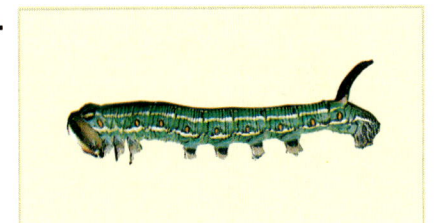

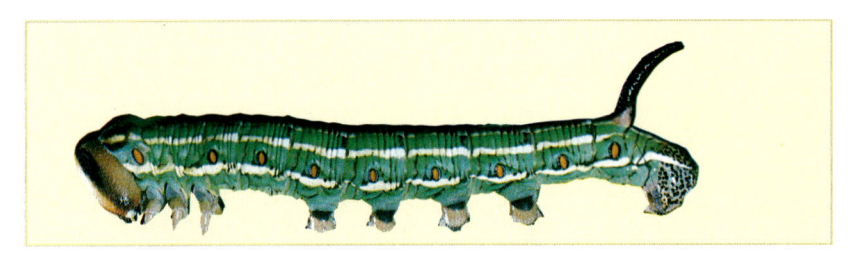

3. Wie lang ist die Raupe in Wirklichkeit? Wie lang ist sie in der Vergrößerung?

4. In der Abbildung ist jedes Tier dreimal so lang wie in Wirklichkeit.

5. A   B   C

Jan hat die Streichholzschachtel genau von oben gezeichnet.
Wie lang und wie breit ist die Schachtel in Wirklichkeit?
Wie lang und wie breit ist sie in der Zeichnung? Vergleiche.

6. Nimm eine rechteckige Schachtel und zeichne sie von oben. Zeichne:
   a) die Kanten in wirklicher Größe   b) die Kanten halb so lang   c) die Kanten viertel so lang

7. Zeichne das Quadrat vergrößert.
   a) Zeichne jede Seite dreimal so lang.   b) Zeichne jede Seite sechsmal so lang.
   Schneide die Quadrate aus und vergleiche die Größe.

Maßstab

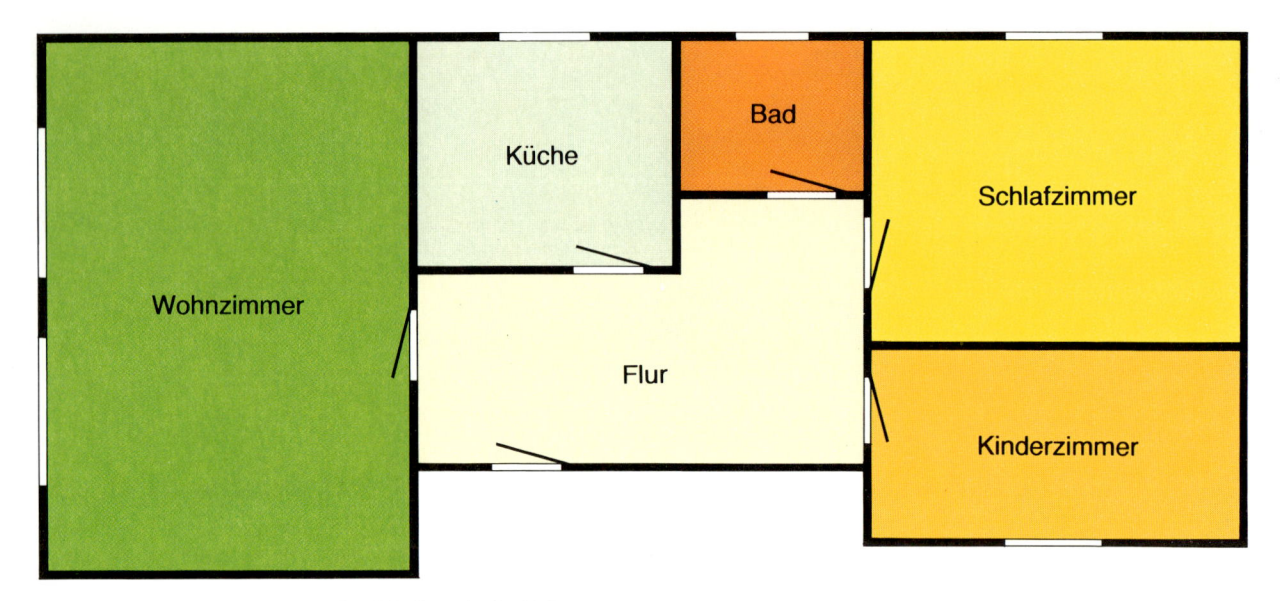

Grundriß einer Wohnung im Maßstab 1 : 100

Maßstab 1 : 100 bedeutet: 1 cm im Grundriß entspricht 100 cm (1 m) in Wirklichkeit.

1. a) Wie lang und wie breit ist jedes Zimmer im Grundriß?
   b) Wie lang und wie breit ist jedes Zimmer in Wirklichkeit?

2. Miß zwei Räume in eurer Wohnung aus und zeichne ihren Grundriß.
   Zeichne für 1 m in der Wirklichkeit 1 cm im Grundriß.

3.
Länge im Maßstab 1 : 100	48 mm	60 mm	65 mm	100 mm	120 mm	125 mm	25 mm	5 mm
Länge in Wirklichkeit	4,80 m							

Maßstab 1 : 100 000 bedeutet: 1 cm auf der Landkarte entspricht 100 000 cm (1 km) in Wirklichkeit.

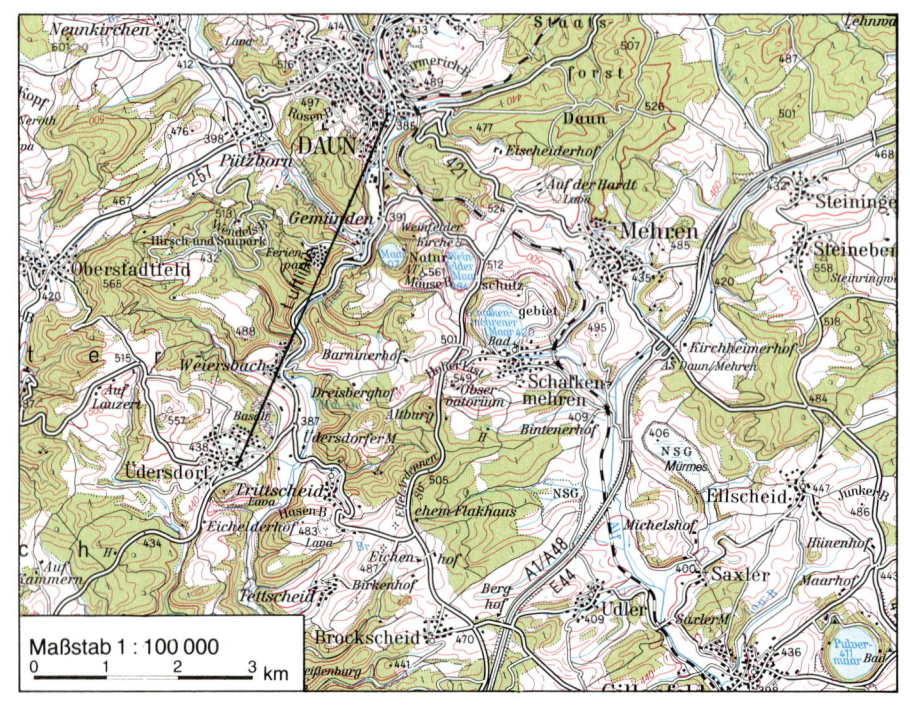

4. Wie weit ist es (Luftlinie)?
   a) von Üdersdorf nach Daun
   b) von Daun nach Mehren
   c) von Mehren nach Gillenfeld
   d) von Üdersdorf nach Steiningen
   e) von Neunkirchen nach Gillenfeld
   f) vom Pulvermaar zum Weinfelder Maar

Miß auf der Karte.
Runde auf cm.
Rechne dann um.

a) Karte: 5 cm
   Wirklichkeit: 5 km

Umfang von Flächen

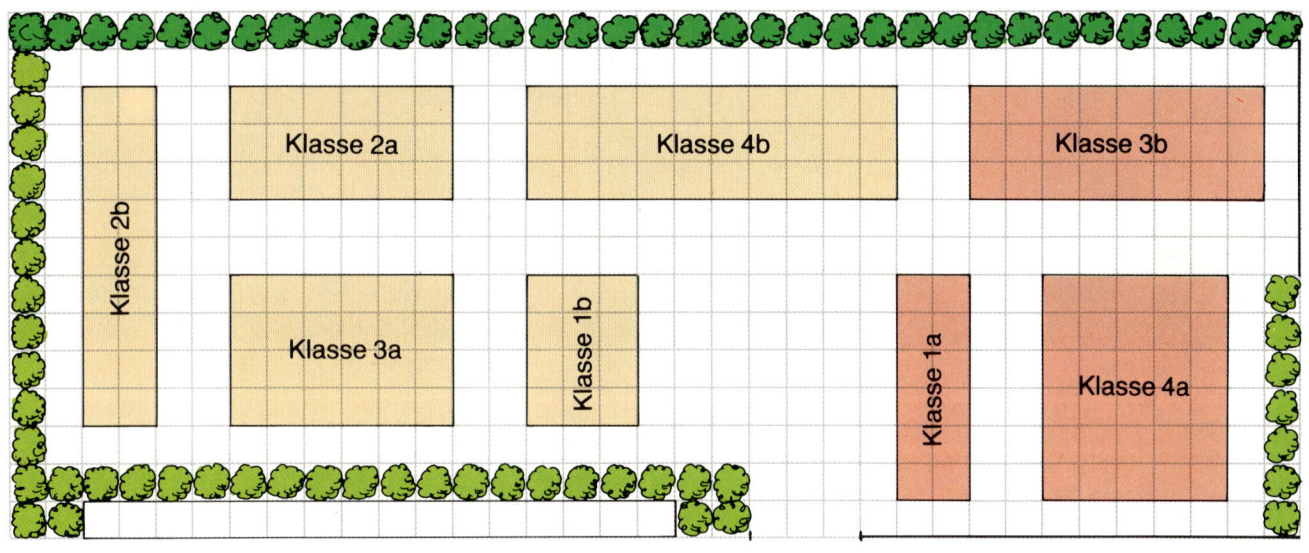

Schulgarten der Grundschule Waldhof im Maßstab 1 : 100.

1. Wie lang und wie breit sind die Beete in Wirklichkeit?

2. Jede Klasse will um ihr Beet einen Zaun ziehen.
   Wieviel Meter Zaun brauchen die einzelnen Klassen?

3. Rechteckige Gärten sollen ringsum eingezäunt werden.
   Wieviel Meter Zaun werden benötigt, wenn die
   Gartentür jeweils 1 m breit ist?
   a) Herrn Kochs Garten ist 16 m lang und 9 m breit.
   b) Herrn Grafs Garten ist 12 m lang und 12 m breit.
   c) Frau Jürgens Garten ist 20 m lang und 16 m breit.

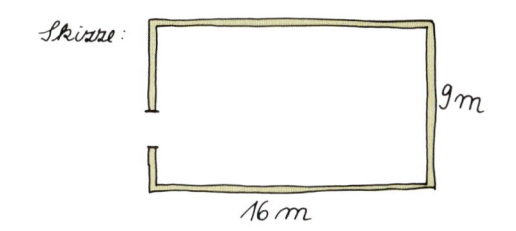

4. Rechteckige Gärten sollen ringsum eingezäunt werden. Wieviel Meter Zaun werden benötigt?

a)
Länge des Gartens	16 m	18 m	12 m	20 m
Breite des Gartens	14 m	18 m	11 m	16 m
Länge des Zaunes				

b)
Länge des Gartens	9 m	10 m	14 m	9 m
Breite des Gartens	6 m	9 m	12 m	9 m
Länge des Zaunes				

5. Ein rechteckiger Garten ist 18 m lang und 14 m breit.
   a) Wieviel Meter Zaun sind erforderlich, wenn der Garten ringsum einzäunt werden soll?
   ✶b) Wie viele Zaunpfosten sind erforderlich, wenn der Abstand zwischen zwei Pfosten 2 m betragen soll?

6. Herrn Meiers Garten ist 16 m lang und 9 m breit. Frau Grafs Garten ist 12 m lang und 12 m breit.
   ✶ Wer benötigt den längeren Zaun? Wessen Garten ist größer?

7. Zeichne verschiedene Rechtecke aus 36 Kästchen.
   a) Wie lang und wie breit ist jedes Rechteck?
   b) Welches Rechteck hat den kleinsten Umfang?
   c) Welches Rechteck hat den größten Umfang?

   $4\frac{1}{2}$ cm
   2 cm
   Umfang: 13 cm

8. Wie groß ist jeweils der Umfang?
   ✶ a) Zeichne verschiedene Rechtecke aus 24 Kästchen.
   b) Zeichne verschiedene Rechtecke aus 42 Kästchen.

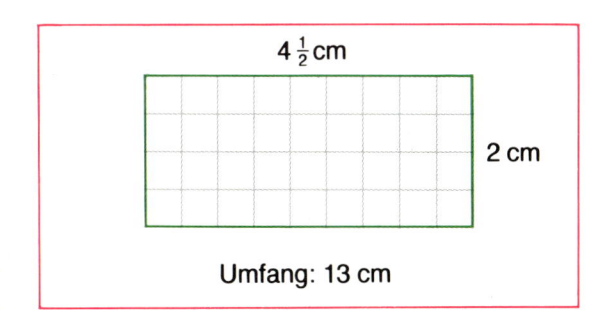

Listen – Schaubilder

Boris ist da!
51 cm groß   3370 g schwer

Es freuen sich
Wilhelm und Elfi Arens
und Sabine

Neustadt, am 11. Mai 1988

Sabine hat ein Brüderchen bekommen. Sie freut sich über Boris.

1. Frage deine Eltern, wie groß und wie schwer du bei deiner Geburt warst.

2. Erkundige dich, wie groß und wie schwer deine Geschwister bei der Geburt waren.

Krankenhaus Neustadt
Neugeborene im *Mai*

Jungen

Datum	Uhrzeit	Name	Größe	Gewicht
3.5.	0.30	Kramer	49 cm	3090 g
5.5.	4.20	Schmitz	53 cm	3720 g
11.5.	23.17	Arens	51 cm	3370 g
16.5.	5.38	Brungs	55 cm	3850 g
17.5.	14.00	Sanchos	50 cm	3770 g
22.5.	0.05	Winzen	57 cm	4240 g
26.5.	8.50	Richarz	54 cm	3150 g
30.5.	12.30	Palm	52 cm	3270 g
31.5.	6.09	Girki	47 cm	3040 g

Mädchen

Datum	Uhrzeit	Name	Größe	Gewicht
2.5.	9.30	Bauer	50 cm	3050 g
4.5.	3.25	Ackenfels	50 cm	2900 g
10.5.	13.50	Weber	51 cm	3080 g
11.5.	22.10	Lorella	48 cm	2560 g
14.5.	2.15	Lange	52 cm	3590 g
19.5.	5.00	Wagner	47 cm	2600 g
20.5.	10.22	Alkis	52 cm	3360 g
25.5.	23.05	Peters	50 cm	3260 g

3. Größe und Gewicht bei der Geburt
   a) Welcher Junge ist am größten?
   b) Ordne die Jungen nach der Größe.
   c) Welches Mädchen wiegt am meisten?
   d) Ordne die Mädchen nach dem Gewicht.

4. Christinas Größe im ersten Jahr.

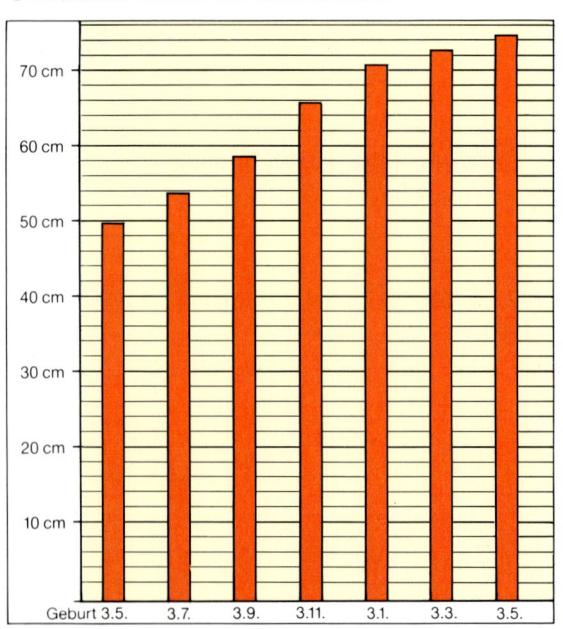

   a) Wie groß war Christina jeweils?
   b) Wieviel ist Christina jeweils gewachsen?

5. Christinas Gewicht im ersten Jahr.

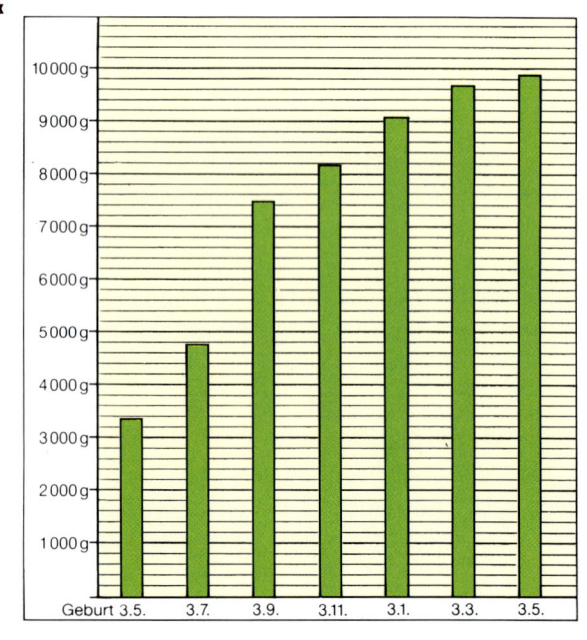

   a) Wie schwer war Christina jeweils?
   b) Wieviel hat Christina jeweils zugenommen?

Sachaufgaben – Einwohnerzahlen

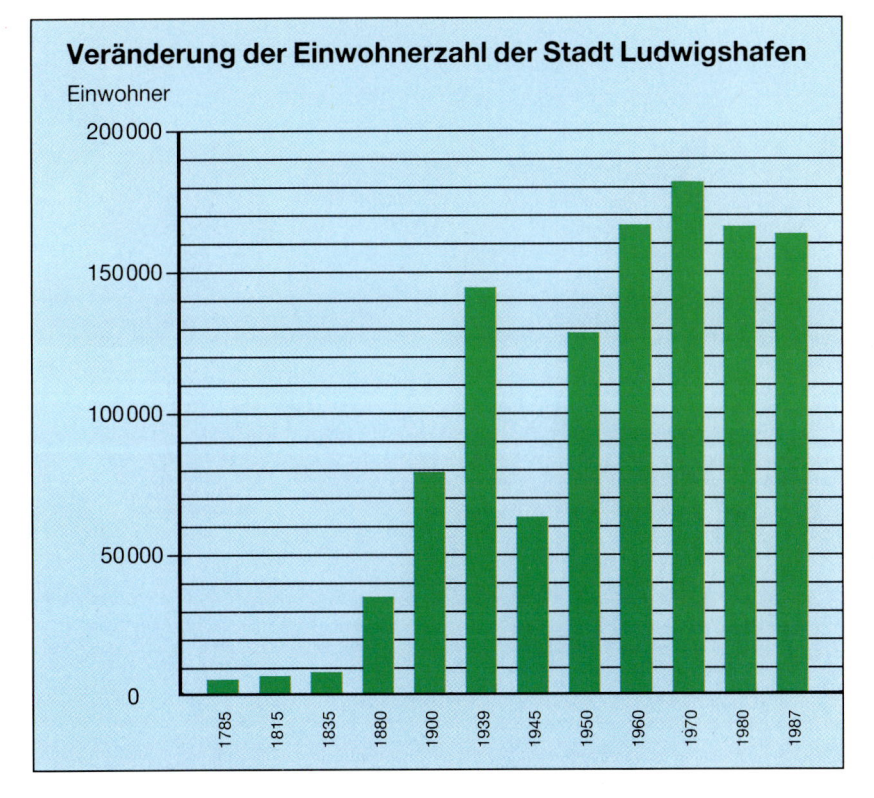

Veränderung der Einwohnerzahl der Stadt Ludwigshafen

Jahr	Einwohner	Jahr	Einwohner	Jahr	Einwohner
1785	4686	1900	78919	1960	168646
1815	7465	1939	145385	1970	181744
1835	9181	1945	62872	1980	166736
1880	32710	1950	126254	1987	161832

1. a) Lies aus dem Schaubild ab, wie viele Einwohner Ludwigshafen in den angegebenen Jahren ungefähr hatte.
   b) Wie viele Einwohner waren es in den einzelnen Jahren genau?

2. Wann hatte Ludwigshafen die meisten Einwohner? Wann die wenigsten? Berechne den Unterschied.

3. Um wieviel ist die Einwohnerzahl gestiegen?
   a) zwischen 1785 und 1880
   b) zwischen 1880 und 1900
   c) zwischen 1900 und 1939
   d) zwischen 1945 und 1950

4. Vergleiche die Einwohnerzahlen der folgenden Jahre:
   a) 1939 und 1945
   b) 1950 und 1960
   c) 1970 und 1980
   d) 1980 und 1987
   e) 1945 und 1970

Einwohnerzahlen deutscher Großstädte (Stand 1986)

Bielefeld	299200	Frankfurt	593400	Osnabrück	153200	Köln	914000
Essen	617700	Göttingen	133700	Karlsruhe	267600	Mainz	188600
Darmstadt	133600	Hamburg	1575700	Koblenz	110900	Wuppertal	375300

5. Vergleiche die Einwohnerzahlen der Städte.
   a) Essen und Frankfurt
   b) Hamburg und Köln
   c) Darmstadt und Osnabrück
   d) Bielefeld und Mainz
   e) Göttingen und Mainz
   f) Karlsruhe und Wuppertal

6. Runde die Einwohnerzahlen der Großstädte auf 10000.

7. Einwohnerzahlen von Städten in Rheinland-Pfalz (Stand 1986). 🕴 bedeutet 10000 Einwohner.
   * Andernach: 🕴🕴🕴
   Bad Kreuznach: 🕴🕴🕴🕴
   Frankenthal: 🕴🕴🕴🕴
   Kaiserslautern: 🕴🕴🕴🕴🕴🕴🕴🕴🕴
   Landau: 🕴🕴🕴🕴
   Neustadt: 🕴🕴🕴🕴🕴
   Neuwied: 🕴🕴🕴🕴🕴🕴
   Pirmasens: 🕴🕴🕴🕴
   Speyer: 🕴🕴🕴🕴
   Trier: 🕴🕴🕴🕴🕴🕴🕴🕴
   Worms: 🕴🕴🕴🕴🕴🕴
   Zweibrücken: 🕴🕴🕴
   Wie viele Einwohner haben die Städte ungefähr?

8. Frankenthal hat 43941 Einwohner, Landau 35482 Einwohner. Vergleiche die genauen Einwohnerzahlen von Frankenthal und Landau mit den Einwohnerzahlen, die im Schaubild dargestellt sind.

Figuren mit Spiegelachsen – Spiegeln

1. Zeichne ab. Ergänze spiegelbildlich.
a)   b)   c)

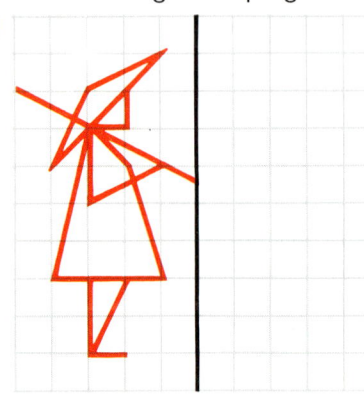

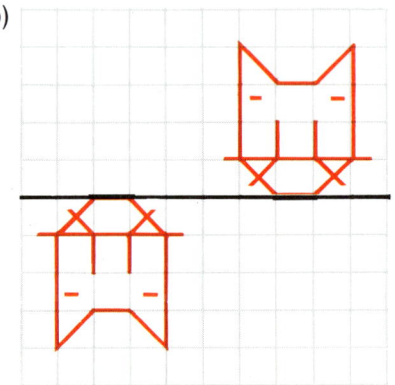

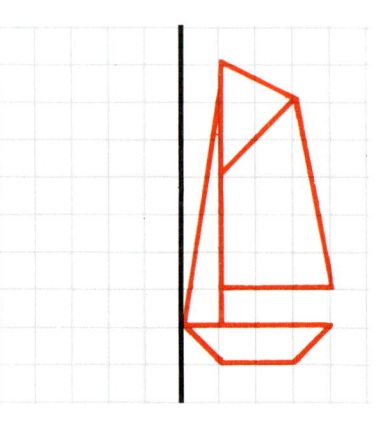

2. Ergänze auch hier spiegelbildlich.
a)   b)   c)

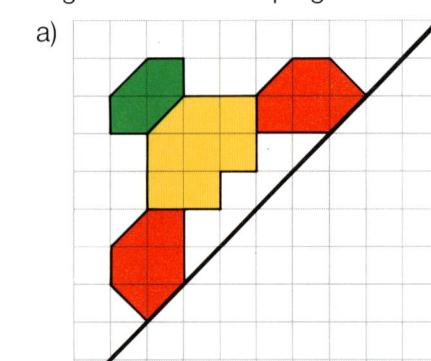

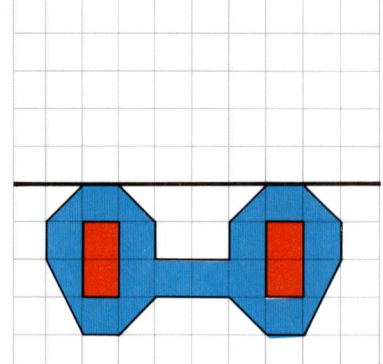

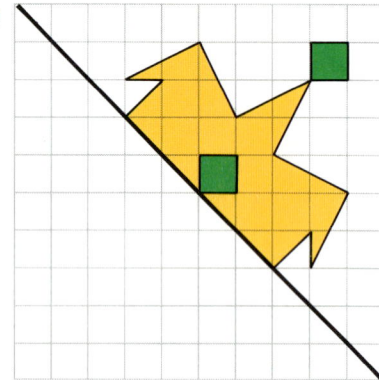

3. Welche Wörter sind hier in Spiegelschrift geschrieben? Prüfe mit dem Spiegel.

OTUA ЯEKNAT AFOM EVITOMOKOL FFIHCS

4. Lauter halbe Buchstaben. Schreibe die ganzen Buchstaben.

Figuren mit Spiegelachsen – Falten und Spiegeln

1. So kannst du ein Deckchen falten und ausschneiden.

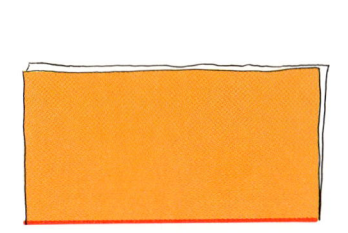

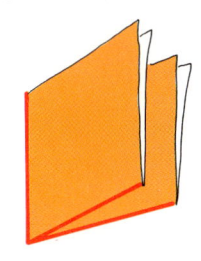

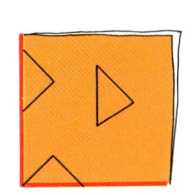

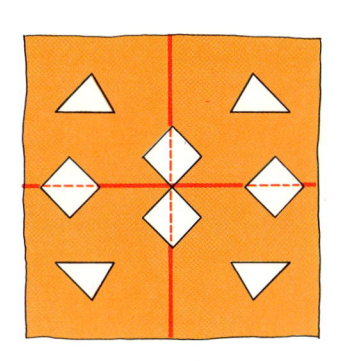

a) Falte ein Stück Buntpapier zweimal so, daß zwei Faltlinien aufeinanderliegen. Schneide aus und falte auseinander.
b) Klebe das Deckchen auf ein Blatt Papier. Zeichne die Faltlinien rot nach.
c) Schneide selbst Deckchen aus. Erfinde verschiedene Muster.

2. Zeichne Figuren mit zwei Spiegelachsen.

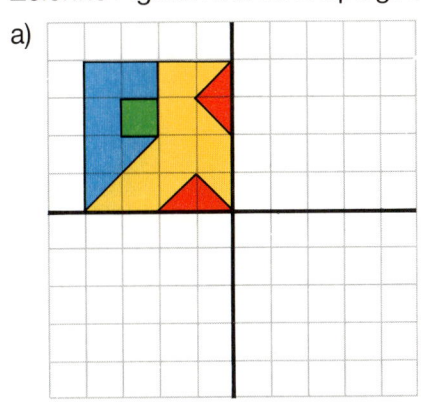

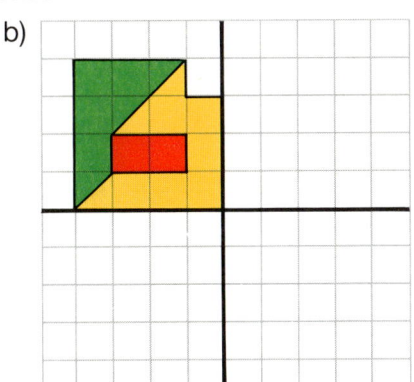

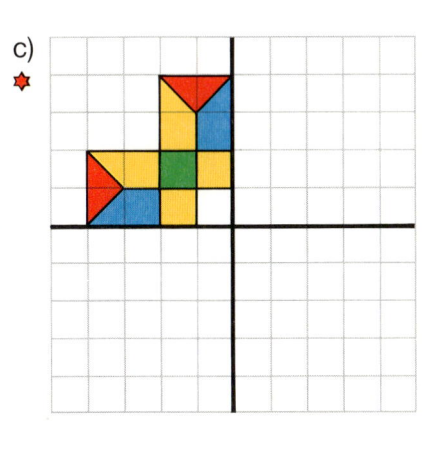

a) b) c)

3. Bei welchen Schildern könntest du eine Spiegelachse zeichnen?

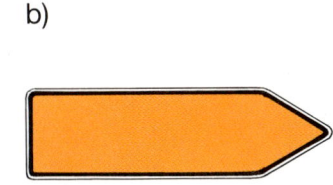

a) b) c) d) e)

Was bedeuten diese Schilder?

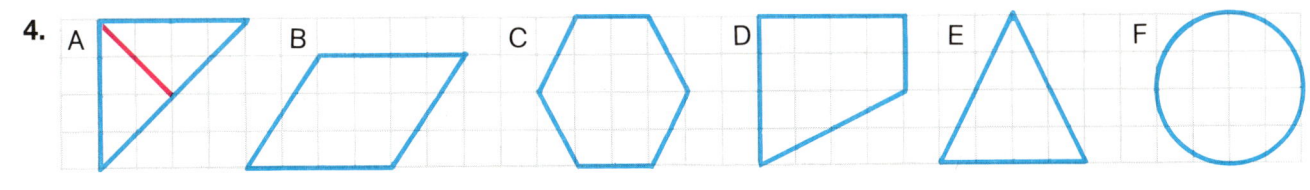

4. A B C D E F

a) Bei welchen Figuren könntest du eine oder mehrere Spiegelachsen zeichnen?
b) Zeichne die Figuren ab und schneide sie aus. Falte sie so, daß die Teile genau aufeinanderpassen. Zeichne die Spiegelachsen rot nach.

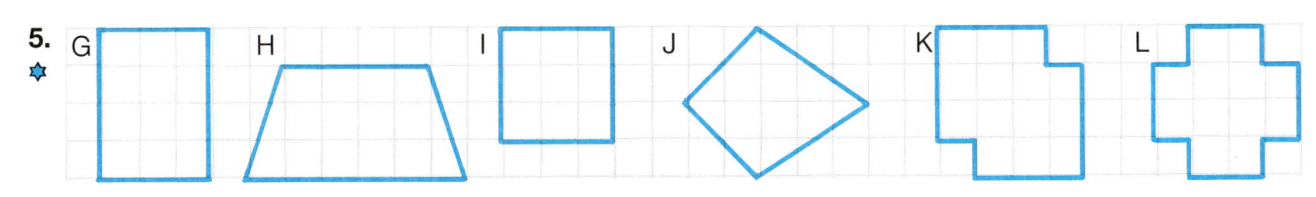

5. G H I J K L

a) Zeichne die Figuren ab. Zeichne die Spiegelachsen ein.
b) Wie viele rechte Winkel hat jede Figur? Welche Seiten sind jeweils parallel?

Zeichnen mit dem Geodreieck – Muster

1. Beschreibe die Muster und zeichne sie mit Hilfe des Geodreiecks.

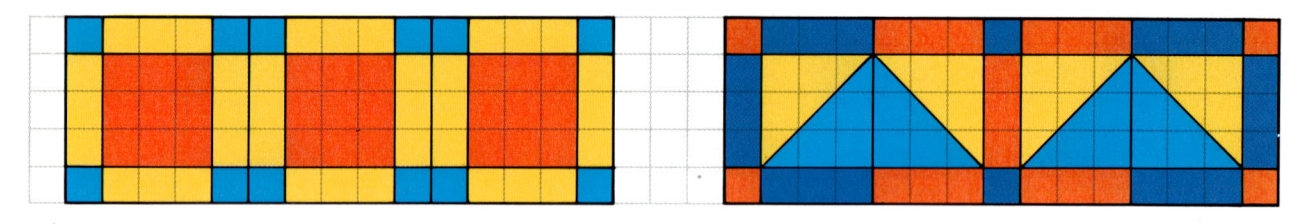

2. Zeichne die Muster. Setze sie nach rechts fort.

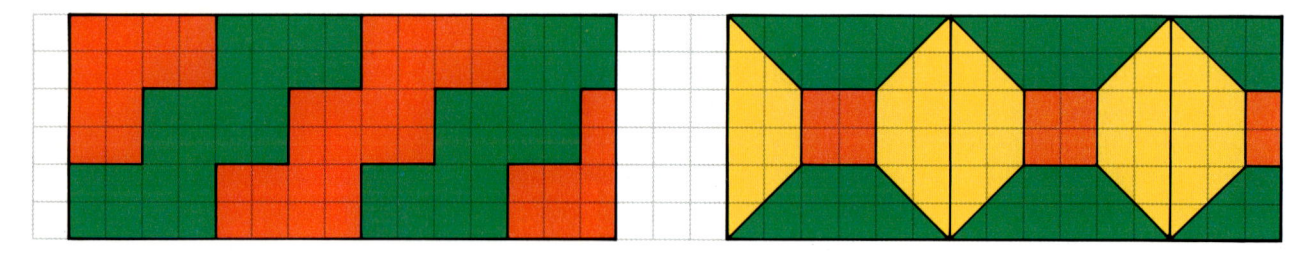

3. Zeichne die Muster. Setze sie nach rechts und nach unten fort.

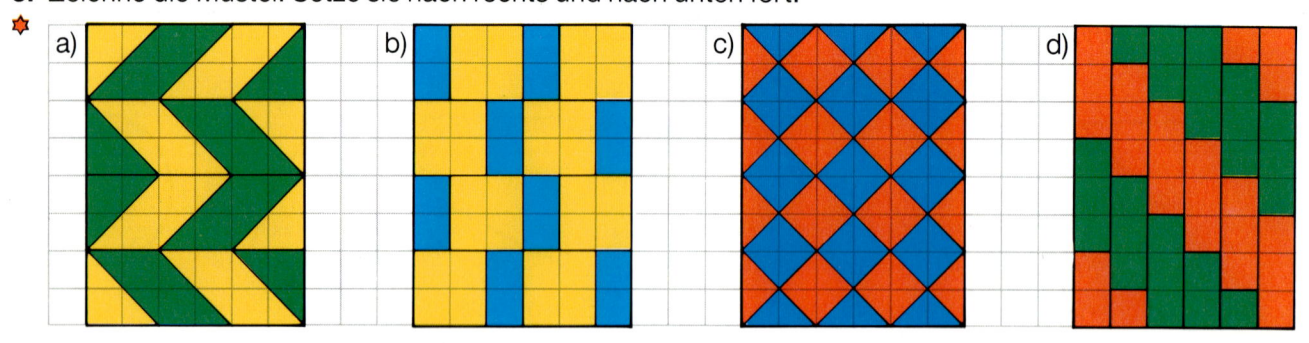

   a)   b)   c)   d)

4. Zeichne die Muster ab und male sie farbig aus.

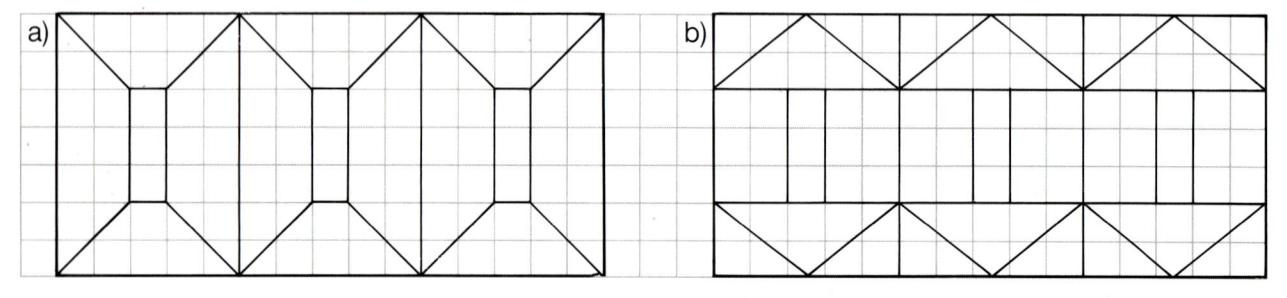

   a)   b)

Römische Zahlzeichen

I II III IV V VI VII VIII IX X XI XII

1. Schreibe die Zahlen auf dem Zifferblatt der Uhr mit den üblichen Zahlzeichen.

I = 1, II = 2

4 = IV   9 = IX   40 = XL   90 = XC   400 = CD   900 = CM

Weitere römische Zahlzeichen sind: L = 50   C = 100   D = 500   M = 1000

So sind römische Zahlen zusammengesetzt:
LX = 50+10 = 60   DCV = 500+100+5 = 605   XCI = (100−10)+1 = 91   MCM = 1000+(1000−100) = 1900

2. Lies die Zahlen.
 a) XX, XV, DC, CX, LX, DX
 b) CC, XL, XC, MV, DL, MX
 c) XXII, CXX, MMV, CLX, DLI
 d) XVI, LXV, CXI, MCI, MDX
 e) XXIV, MCXII, DCXV, CCIV
 f) MVII, MCCX, CMII, MCMV

3. a) Welche Jahreszahl steht auf dem abgebildeten Gebäude?
 b) Welche Jahreszahl steht auf der abgebildeten Steinplatte?

4. Schreibe die römischen Zahlzeichen: a) von XII bis XXV   b) von C bis CXX   c) von DXC bis DCX

5. Schreibe mit römischen Zahlzeichen.
 a) 13, 17, 19, 15, 14
 b) 70, 56, 33, 29, 87
 c) 300, 620, 165, 709
 d) 2100, 1710, 1204

6. Lege römische Zahlzeichen:
 a) mit zwei Hölzchen
 b) mit drei Hölzchen
 c) mit vier Hölzchen
 d) mit fünf Hölzchen

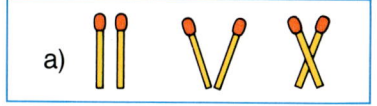

a) II V X

7. Lege ein Hölzchen so um, daß die Gleichung richtig wird.
 a) V + II = V
 b) VI − IV = IX

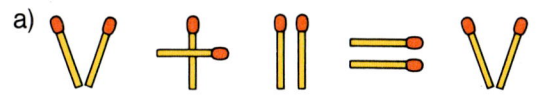

8. Lege zwei Hölzchen so um, daß die Gleichung richtig wird.
 a) X + X = X
 b) XX − V = V

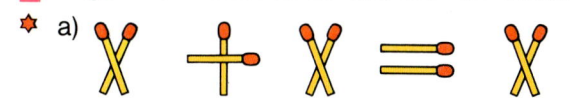

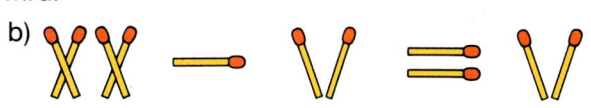

Schriftliches Dividieren durch eine Zahl zwischen 10 und 20

Ferienhaus zu vermieten zwei Wochen nur 1204 DM

Wieviel kostet die Miete für einen Tag?

1 204 : 14 =
Überschlag: 1 400 : 14 = 100

```
1 2 0 4 : 1 4 = 8 6
1 1 2      : 14
    8 4    : 14
    8 4
      0
```

Das Ferienhaus kostet für einen Tag 86 DM.

1. Reisebüro Huber bietet ein Ferienhaus an der Ostsee (6 Personen) für zwei Wochen zu 1 568 DM an.
Bei kürzerer Mietdauer werden für einen Tag 125 DM berechnet.

2. Reisebüro Kurz vermietet eine Ferienwohnung in den Alpen für 2 Wochen zum Preis von 1 106 DM.
Bei kürzerer Mietdauer werden für einen Tag 87 DM berechnet.

3. Überschlage vorher.

a) 7 942 : 11	b) 9 630 : 15	c) 4 928 : 14	d) 4 264 : 13	e) 7 428 : 12
7 667 : 11	5 715 : 15	8 596 : 14	3 588 : 13	6 876 : 12
2 046 : 11	7 330 : 15	4 018 : 14	6 656 : 13	5 555 : 12
5 709 : 11	4 026 : 15	5 124 : 14	8 468 : 13	3 456 : 12

186; 268 Rest 6; 276; 287; 288; 328; 352; 366; 381; 462 Rest 11; 488 Rest 10; 512; 519; 573; 592 Rest 11; 614; 619; 642; 651 Rest 5; 697; 722

4. Überschlage vorher.

a) 5 413 : 16	b) 8 000 : 14	c) 12 350 : 17	d) 15 000 : 18	e) 30 000 : 17
5 413 : 19	8 000 : 19	12 350 : 18	15 000 : 12	30 000 : 11
5 413 : 15	8 000 : 10	12 350 : 11	15 000 : 10	30 000 : 19
5 413 : 13	8 000 : 20	12 350 : 15	15 000 : 14	30 000 : 16

284 Rest 17; 360 Rest 13; 338 Rest 5; 400; 416 Rest 5; 421 Rest 1; 571 Rest 6; 686 Rest 2; 726 Rest 8; 800; 823 Rest 5; 833 Rest 6; 971 Rest 5; 1 071 Rest 6; 1 122 Rest 8; 1 250; 1 500; 1 578 Rest 18; 1 764 Rest 12; 1 875; 2 727 Rest 3

Jede Zahl steht für einen Buchstaben.

289	309	399	472	476	509	533	674	704	740	819	839	911	1002
S	L	K	C	F	I	H	D	M	P	E	A	N	R

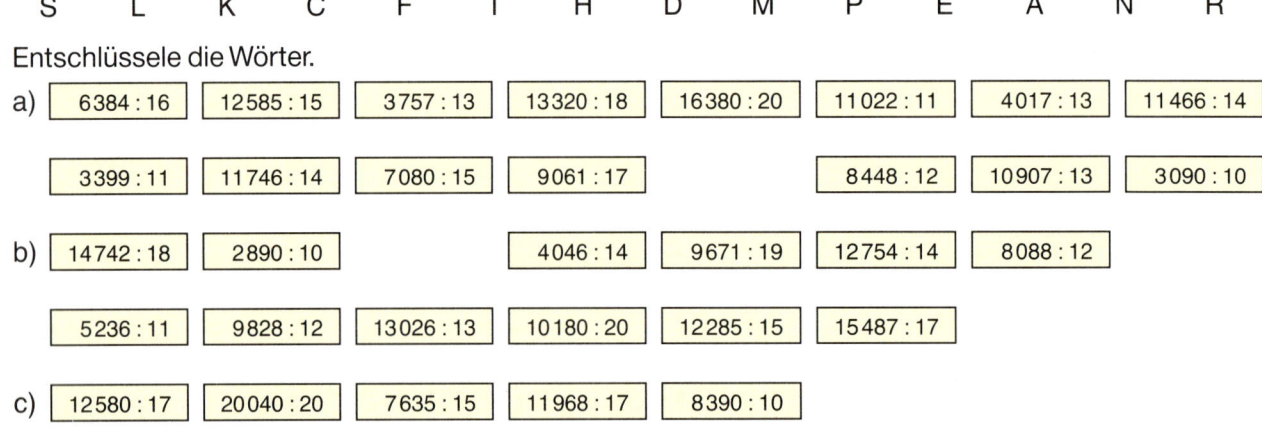

5. Entschlüssele die Wörter.

a) 6 384 : 16 | 12 585 : 15 | 3 757 : 13 | 13 320 : 18 | 16 380 : 20 | 11 022 : 11 | 4 017 : 13 | 11 466 : 14

3 399 : 11 | 11 746 : 14 | 7 080 : 15 | 9 061 : 17 | | 8 448 : 12 | 10 907 : 13 | 3 090 : 10

b) 14 742 : 18 | 2 890 : 10 | | 4 046 : 14 | 9 671 : 19 | 12 754 : 14 | 8 088 : 12

5 236 : 11 | 9 828 : 12 | 13 026 : 13 | 10 180 : 20 | 12 285 : 15 | 15 487 : 17

c) 12 580 : 17 | 20 040 : 20 | 7 635 : 15 | 11 968 : 17 | 8 390 : 10

Schriftliches Dividieren durch eine Zehnerzahl

Die Stadtgärtner pflanzen immer 40 Verbenen in einen Kübel. 1250 Verbenen sind vorhanden.

1250 : 40 =
Überschlag: 1200 : 40 = 30

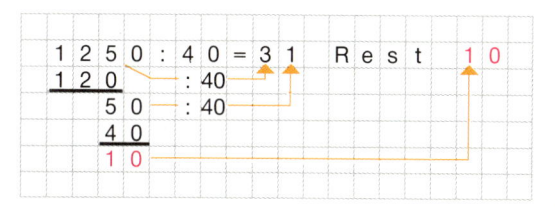

```
1 2 5 0 : 4 0 = 3 1   Rest  1 0
1 2 0     : 40
    5 0   : 40
    4 0
    1 0
```

Die Stadtgärtner können 31 Kübel bepflanzen. 10 Verbenen bleiben übrig.

1. Im Schloßpark sollen 1150 Primeln gleichmäßig auf 20 Beete verteilt werden.

2. In der Fußgängerzone sollen in jeden Kübel 40 gelbe und 30 blaue Primeln gepflanzt werden.
Die Gärtner haben 600 gelbe Primeln aufgeladen. Damit können sie alle Kübel bepflanzen.
Wie viele blaue Primeln müssen sie aufladen, um alle Kübel bepflanzen zu können?

3. Überschlage vorher.

a) 6020 : 70	b) 9170 : 80	c) 19450 : 50	d) 24720 : 10	e) 42550 : 80
2250 : 60	6550 : 30	16920 : 10	54290 : 90	72170 : 90
2950 : 10	8890 : 70	45570 : 60	27720 : 70	76240 : 40
3260 : 40	8500 : 90	60190 : 70	69450 : 60	62880 : 10

37 Rest 30; 81 Rest 20; 86; 94 Rest 40; 114 Rest 50; 127; 218 Rest 10; 295; 389; 396; 531 Rest 70; 603 Rest 20; 759 Rest 30; 801 Rest 80; 859 Rest 60; 1157 Rest 30; 1214 Rest 30; 1906; 2472; 6288

4. Überschlage vorher.

a) 8780 : 40	b) 70210 : 70	c) 5730 : 10	d) 72880 : 40	e) 86390 : 70
36460 : 30	69450 : 50	4910 : 30	9520 : 80	51160 : 20
9120 : 80	6670 : 20	43600 : 20	64250 : 20	9700 : 50
18050 : 60	8630 : 30	5720 : 40	27130 : 70	48910 : 90

114; 119; 143; 163 Rest 20; 194; 219 Rest 20; 287 Rest 20; 300 Rest 50; 333 Rest 10; 387 Rest 40; 543 Rest 40; 573; 1003; 1215 Rest 10; 1234 Rest 10; 1389; 1822; 1834; 2180; 2558; 3212 Rest 10

5. a) Wenn ich eine Zahl mit 80 multipliziere und zum Ergebnis 40 addiere, erhalte ich 79 000.
b) Wenn ich eine Zahl mit 90 multipliziere und vom Ergebnis 50 subtrahiere, erhalte ich 85 000.
c) Wenn ich zu einer Zahl 54 addiere und das Ergebnis mit 60 multipliziere, erhalte ich 51 000.

6. Jede Zahl steht für einen Buchstaben.

| 109 | 123 | 247 | 271 | 316 | 1008 | 1017 | 1426 | 1685 | 2192 | 2608 | 4054 |
| C | I | R | H | O | F | T | W | G | E | U | S |

Entschlüssele die Wörter.

a)	7410 : 30	9840 : 80	9810 : 90	8130 : 30	71190 : 70	7380 : 60	67400 : 40
b)	99820 : 70	87680 : 40	3690 : 30	91530 : 90	65760 : 30	4940 : 20	
c)	33700 : 20	78240 : 30	61020 : 60		81080 : 20	9480 : 30	
d)	90720 : 90	43840 : 20	9880 : 40	81360 : 80	6150 : 50	84250 : 50	

95

Vermischte Aufgaben

„Wieviel wird eigentlich für mich ausgegeben?" möchte Christian Müller aus Bad Kreuznach wissen.

Familie Müller	
Ausgaben für Christian im Monat:	
Mietanteil für das Kinderzimmer	57 DM
Anteil an Heizung, Strom, Wasser	68 DM
Ernährung, Kleidung	235 DM
Sport, Schule, Taschengeld	25 DM
Sonstiges	20 DM

Stadt Bad Kreuznach Kostenanteil für einen Grundschüler im Jahr	
Schulgebäude	65 DM
Personal	533 DM
Lehrmittel	61 DM
Schulsport	33 DM
Sonstiges	2 DM

Land Rheinland-Pfalz Ausgaben für einen Grundschüler im Monat	
Bezahlung der Lehrer	206 DM
Sonstiges	53 DM

1. Wieviel wird für Christian in einem Jahr ausgegeben?
   a) von der Familie b) von der Stadt c) vom Land d) insgesamt
   Vergleiche.

2. Wieviel bezahlen die Stadt und das Land zusammen im Jahr?
   a) für eine Klasse in Bad Kreuznach mit 23 Schülern.
   b) für eine Grundschule in Bad Kreuznach mit 216 Schülern, wenn noch 34750 DM Baukosten anfallen.

3. Christian ist am 30. März 10 Jahre alt geworden.
   a) Wie viele Tage alt war Christian an diesem Tage?   c) Wie viele Tage bist du heute alt?
   b) Wie viele Stunden war Christian am 30. März alt?   d) Wie viele Stunden bist du alt?

4. a) Herr und Frau Kahl sind zusammen 99 Jahre alt. Frau Kahl ist 9 Jahre jünger als ihr Mann.
   b) Ute, Klaus und Sabine sind zusammen 47 Jahre alt. Klaus ist zwei Jahre älter als Ute und vier Jahre jünger als Sabine.
   c) Anke und ihr Bruder sind zusammen 31 Jahre alt. Im nächsten Jahr ist Anke genau halb so alt wie ihr Bruder.

5. Björn hat 196 Nüsse, sein Bruder Ralf 132 Nüsse. Wie viele Nüsse müßte Björn seinem Bruder abgeben, damit beide gleich viel haben?

6. In einer Garage sind Autos und Motorräder abgestellt. Sie haben zusammen 14 Kilometerzähler und 44 Räder. Wie viele Autos und wie viele Motorräder sind es?

7. a) 5 · 12 =   b) 7 · 16 =   c) 91 : 7 =   d) 162 : 9 =   e) 144 : 8 =
     6 · 18 =   8 · 17 =   66 : 6 =   112 : 8 =   144 : 9 =
     9 · 19 =   9 · 13 =   76 : 4 =   119 : 7 =   168 : 7 =

Aus einem Rechenbuch, das Kinder selbst herstellten

Im Urlaub fuhren wir nach Tirol. Bei der Abreise stand der Kilometerzähler auf 15251 km. Als wir wieder zurück waren, zeigte der Kilometerzähler 16506 km an.
Christian B.

Von unserem Urlaubsort bis Garmisch-Partenkirchen fährt man 45 Minuten. Mit der Seilbahn dauert die Fahrt noch einmal 20 Minuten. Für den Rückweg braucht man zu Fuß 2 Stunden. Die Rückfahrt dauert noch einmal 45 Minuten. Wie lange waren wir unterwegs?
Nicole

In den Ferien wanderten mein Freund Jürgen und ich auf den Zeller-Berg. Dort bestiegen wir den Möhrenturm. Wir gingen morgens um 9.50 Uhr los und brauchten 1 Stunde 10 Minuten. Auf dem Zeller-Berg blieben wir 2 Stunden. Für den Rückweg brauchten wir die gleiche Zeit wie auf dem Hinweg.
Manuel

In den Ferien fuhren wir von Gomaringen nach Freiburg. Die Strecke betrug 253 km. Bei der Abfahrt stand der Kilometerzähler auf 72597.
Björn

Ich ging mit meiner Mutter in den Film E.T. Der Film begann um 16 Uhr und ging bis 19 Uhr. Die Pause dauerte eine Viertelstunde.
Martin H.

In den Ferien sammelte ich mit meiner Schwester Muscheln. Zusammen hatten wir 17 Muscheln. Meine Schwester hatte 5 Muscheln mehr als ich.
Timo

Ich bin einkaufen gegangen und habe ein paar Schuhe für 59,99 DM und ein Paar Stiefel für 69,70 DM gekauft.
Egon

Ich bin um 22.15 Uhr ins Bett gegangen und um 10.05 Uhr aufgestanden.
Oliver D.

In den Ferien ging ich mit meiner Freundin Carmen am Bodensee zum Fischen. Am ersten Tag fingen wir doppelt so viel Fische, wie am zweiten Tag. Zusammen hatten wir am zweiten Tag 21 Fische.
Tanja H.

Bei einer Bergtour legten wir folgende Strecken zurück. Wir fuhren von Brunnen nach Flüelen und legten 20 km zurück. Der Weg von Flüelen über edn St. Gotthardpaß nach Airolo betrug 45 km. Zum Nufenenpaß und Ulrichen über Grimselpaß und Innerkirchen waren es noch einmal 31 km. Wir fuhren über den Sustenpaß nach Wassen zurück und anschließend über Flüelen nach Brunnen. Diese Strecke betrug 90 km.
Tania J.

In den Sommerferien fuhren wir nach Südfrankreich. Bei der Abfahrt stand der Tachometer auf 89556 km. Nach der Rückfahrt stand er auf 94977 km
Martin G.

Zu Beginn unserer Fahrt nach Spanien zeigte der Kilometerzähler 15365 km an. Als wir wieder zu Hause waren, stand der Kilometerzähler auf 18211 km.
Markus T.

Die Zugspitze ist 2963 Meter hoch. Die Talstation befindet sich 235 m über dem Meeresspiegel. Dort kann man mit der Gondel bis zum Münchner-Haus hochfahren.
Sebastian W.

Rechne die Aufgaben.
Denke dir andere Aufgaben aus und schreibe sie auf.

Aus einem alten Rechenbuch

So haben die Urgroßeltern gerechnet.

§ 3. Malnehmen. 57

Aus dem Familienhaushalt.

900) Tägliches Einkommen 7,50 ℳ. Wie groß ist das Monatsgehalt?

901) Man spart von diesem Einkommen täglich 1,80 ℳ. Wieviel in 1 Woche?

902) Die Hausfrau erhält wöchentlich 25 ℳ Wirtschaftsgeld. Wieviel macht das in 1 Monat?

903) Der Monatslohn für ein Dienstmädchen beträgt 18 ℳ. Wie groß ist der Jahreslohn?

904) An Wohnungsmiete bezahlt ein Beamter vierteljährlich 93,75 ℳ. Wieviel ℳ beträgt die Jahresmiete?

905) Eine Familie braucht monatlich 26 kg Kartoffeln. Wieviel braucht sie in 4 Monaten? (in 6, 8, 5, 7 Monaten?)

906) 1 kg Roggenmehl kostet 29 ₰. Wieviel kosten 5, 8, 7 kg?

907) 1 Dtzd. Eier kostet 95 ₰. Wie teuer sind 2, 6, 8 Dtzd.?

908) Eine Hausfrau kauft 3 kg Rindfleisch, das kg zu 1,80 ℳ. Wieviel bekommt sie auf 10 ℳ heraus?

909) Ein Postpaket Butter enthält 4 kg. Wieviel kostet die Sendung, das kg zu 3,20 ℳ?

910) 1 kg gebrannter Kaffee kostet 2,40 ℳ. Wieviel kosten 5 kg, 8 kg?

911) 1 kg Kaffee verliert beim Rösten 190 g. **a.** Wieviel verlieren 6 kg dabei? **b.** Wie schwer sind 8 kg nach dem Rösten?

912) Wie teuer ist das Zeug zu einem Herrenanzuge, wenn 3 m gebraucht werden und 1 m 8,75 ℳ kostet?

913) Wieviel Leinwand braucht man zu 1 Dtzd. Handtücher, wenn jedes Tuch 1,25 m lang ist?

914) 1 l Petroleum kostet 23 ₰. Wie teuer ist eine Kanne mit 6 l Inhalt?

915) 1 l Petroleum wiegt 800 g. Wie schwer ist 1 hl?

916) 1 Tausend Preßkohlen kostet 10,25 ℳ. Wie teuer sind 5000 Stck.?

917) 1 Raummeter Kiefernholz kostet im Walde 4,75 ℳ. Wie teuer sind 3 Raummeter im Hause, wenn für das Anfahren im ganzen 4,50 ℳ gezahlt werden?

Aus: Büttners Rechenbuch für die Provinz Westfalen. Leipzig 1916.

Was wir im 4. Schuljahr gelernt haben

1. Runden zur Hunderterzahl
   a) 62 568 → ▪   b) 128 994 → ▪   c) 51 800 → ▪   d) 78 629 → ▪
      5 037 → ▪   607 003 → ▪   739 950 → ▪   152 000 → ▪

2. Schriftliches Addieren
   a) 3 426,50 DM + 370,36 DM + 768,75 DM = ▪ DM   c) 493,88 DM + 68 Pf + 89,86 DM = ▪ DM
   b) 5 609,33 DM + 728,00 DM + 0,96 DM = ▪ DM   d) 4 682,65 DM + 75 Pf + 9 836 DM = ▪ DM
   584,42 DM; 4 565,61 DM; 5 584,32 DM; 6 338,29 DM; 14 519,40 DM

3. Schriftliches Subtrahieren
   a) 4 586,50 DM − 3 293,25 DM = ▪ DM   c) 636,28 DM − 518 DM − 0,93 DM = ▪ DM
   b) 7 028,33 DM − 482,25 DM = ▪ DM   d) 893,45 DM − 19,86 DM − 688,05 DM = ▪ DM
   117,35 DM; 117,54 DM; 185,54 DM; 1 293,25 DM; 6 546,08 DM

4. Schriftliches Multiplizieren
   a) 2 907 · 6   c) 9 711 · 40   e) 32 640 · 26   g) 1 983 · 413
   b) 3 516 · 8   d) 498 · 700   f) 10 796 · 87   h) 2 107 · 307
   16 340, 17 442, 28 128, 348 600, 388 440, 646 849, 818 979, 848 640, 939 252

5. Schriftliches Dividieren
   a) 528 : 4   c) 5 190 : 6   e) 426 : 3   g) 645 : 5
   b) 1 458 : 3   d) 5 624 : 8   f) 2 492 : 7   h) 1 016 : 8
   127, 129, 132, 142, 152, 356, 486, 703, 865

6. Umrechnen von Gewichts- und Längenangaben
   a) $\frac{1}{2}$ kg = ▪ g   b) 2 t = ▪ kg   c) 1$\frac{1}{2}$ km = ▪ m   d) 8 km = ▪ m
      $\frac{1}{4}$ kg = ▪ g   11 t = ▪ kg $\frac{3}{4}$ km = ▪ m   12 km = ▪ m

7. Umrechnen von Zeitangaben
   a) 60 s = ▪ min   b) 120 min = ▪ h   c) 48 h = ▪ Tage   d) 20 Tage = ▪ Wochen ▪ Tage
      30 s = ▪ min   300 min = ▪ h   50 h = ▪ Tage ▪ h   30 Tage = ▪ Wochen ▪ Tage

8. Lösen von Sachaufgaben
   Die Stadt Mainz hatte im Jahr 1815 23 214 Einwohner. Im Jahr 1939 hatte die
   Stadt 101 682 Einwohner mehr. 1985 war die Einwohnerzahl um 63 675 höher als 1939.

9. Vergrößern und Verkleinern von Figuren

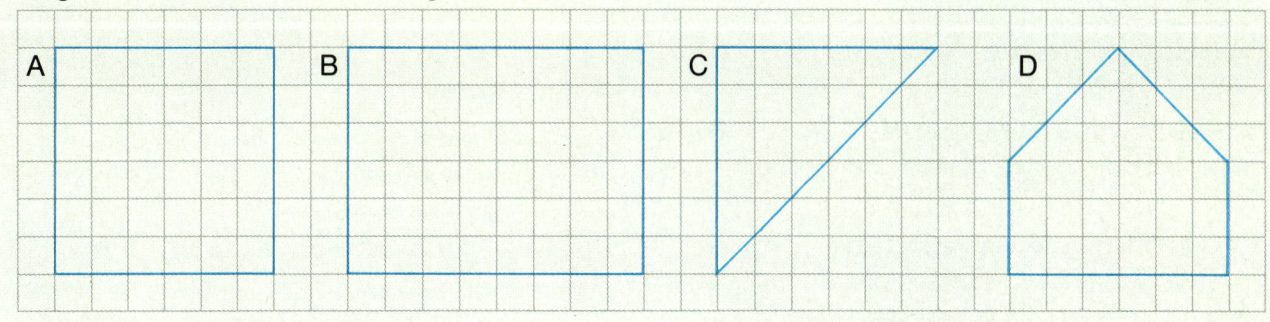

   a) Zeichne jede Seite doppelt so lang.   b) Zeichne jede Seite halb so lang.

Inhaltsverzeichnis

1. Rechnen mit Zahlen bis 1 000 – Wiederholung   3–10
Addieren und Subtrahieren – Bäume, Klammern – vorteilhaftes Rechnen – schriftliches Addieren und Subtrahieren – Multiplizieren und Dividieren – halbschriftliches Multiplizieren und Dividieren – Sachaufgaben

2. Aufbau des Zahlenraums bis zur Million   11–24
Bündeln – Zahlen bis 10 000 – Zahlen bis 100 000 – Zahlen bis zur Million – Aufbauen und Zerlegen großer Zahlen – Stellentafel – Nachbarzahlen (Nachbarzehner, Nachbarhunderter) – Vorgänger und Nachfolger – Vergleichen von Zahlen – Ordnen nach der Größe – Addieren und Subtrahieren – Runden von Zahlen – Multiplizieren und Dividieren – Sachaufgaben

3. Schriftliches Addieren und Subtrahieren   25–31
Addieren von zwei bzw. drei Zahlen – Subtrahieren einer Zahl – Überschlagen – Subtrahieren mehrerer Zahlen (verschiedene Lösungswege) – Probe – Addieren und Subtrahieren von Kommazahlen – Sachaufgaben

4. Größen und Sachrechnen I   32–39
Stückzahl und Preis – Gewichte – Gewicht und Preis – Tonne und Kilogramm – Rauminhalte, Liter

5. Multiplizieren und Dividieren mit Zehnerzahlen   40–42
Multiplizieren mit 10 (100) – Dividieren durch 10 (100) – Multiplizieren und Dividieren mit Zehnerzahlen (Hunderterzahlen)

6. Schriftliches Multiplizieren mit einer einstelligen Zahl   43–46
Multiplizieren und Dividieren großer Zahlen – Multiplizieren mit einer einstelligen Zahl – Sachaufgaben – Multiplizieren von Kommazahlen, Überschlagen

7. Geometrische Körper   47–52
Körperformen – Würfel und Quader, Bauen – Flächenmodelle – senkrechte Linien, rechte Winkel – parallele Linien

8. Schriftliches Dividieren durch eine einstellige Zahl   53–59
Dividieren durch eine einstellige Zahl – Überschlagen, Probe – Dividieren mit Rest – Dividieren von Kommazahlen – Sachaufgaben, Kaufen und Bezahlen

9. Größen und Sachrechnen II   60–63
Sachaufgaben, Fernsehen – Fahrplan – Jahr, Monat Woche, Tag – Sachaufgaben, Zeitspannen

10. Schriftliches Multiplizieren mit einer zwei- bzw. dreistelligen Zahl   64–69
Multiplizieren mit einer Zehnerzahl (Hunderterzahl) – Multiplizieren mit einer zweistelligen Zahl – Multiplizieren mit einer dreistelligen Zahl, Tauschaufgaben – Multiplizieren von Kommazahlen – Sachaufgaben

11. Größen und Sachrechnen III   70–71
Sachaufgaben, Zuckerverbrauch – Nahrungsmittelverbrauch – Schaubilder

12. Zahleigenschaften und Zahlbeziehungen   72–75
Teilbarkeit durch 2, 10 und 5 – Vielfache einer Zahl, gemeinsame Vielfache – Teiler einer Zahl, gemeinsame Teiler – Spiel zur Teilbarkeit (Teiler–Rennen)

13. Größen und Sachrechnen IV   76–89
Sachrechnen, Textverständnis – Ungleichungen und Gleichungen – Im Zoo – Post – Preisvergleiche – Im Kannenbäckerland – Höhen und Entfernungen – Rechnen mit Längen – Verkleinern, Vergrößern – Maßstab – Umfang von Flächen – Listen, Schaubilder – Einwohnerzahlen

14. Ebene Figuren   90–92
Figuren mit Spiegelachsen, Spiegeln – Falten und Spiegeln – Zeichnen mit dem Geodreieck, Muster

15. Römische Zahlzeichen   93
Die römischen Ziffern – Zahlen im römischen Ziffernsystem

16. Schriftliches Dividieren durch eine zweistellige Zahl   94–95
Dividieren durch eine Zahl zwischen 10 und 20 – Dividieren durch eine Zehnerzahl

17. Vermischte Aufgaben   96–99
Ausgaben für einen Grundschüler – vermischte Knobelaufgaben – Aus einem Rechenbuch, das Kinder selbst herstellten – Aus einem alten Rechenbuch – Was wir im 4. Schuljahr gelernt haben

18. Würfelspiel
Zahleigenschaften und Zahlbeziehungen

Bildnachweis
Titelfoto: Annemarie Tebbenjohanns und Achim Lange, Braunschweig
Angermayer, Toni Tierbildarchiv, Holzkirchen: 11, 85
AV Design Udo Lüneburg, Düsseldorf: 76
Deutsche Bundesbahn, Mainz: 4
dpa, Frankfurt: 57
baumann, foto studio, Höhr-Grenzhausen: 81
Landesvermessungsamt Rheinland-Pfalz/Koblenz: 86
(Ausschnitt aus der Top. Karte Bl. Nr. (5906, Mayen [182/88])
Mineralölvertrieb Rhenania GmbH, Braunschweig: 24
Okapia Tierbildarchiv, Frankfurt: 11 (F. Gröger), 36 (F. Wisniewski), 85 (F. McHugh)
Photo-Center, Braunschweig: 4 (F. Kuchlbauer), 64 (F. Döhrn)
Presse- und Informationsamt, Kassel: 21
Westermann-Foto, Braunschweig: 37 (Hermann Buresch)
Zefa, Düsseldorf: 16 (R. Waldkirch)
Alle übrigen Fotos: Annemarie Tebbenjohanns und Achim Lange, Braunschweig
Illustration: Sabine Büttner, Braunschweig
Reinzeichnungen: Technisch-Grafische Abteilung Westermann